D1673000

Bildschirmverstörung

Manfred Naegele

Bildschirmverstörung

Meine Südfunkgeschichten

KLÖPFER&MEYER

für Renate

11.10.1995

Lieber Manfred Naegele
Schreiben Sie! Sie gehören nicht ins Studio.
Das ist keine Kritik, sondern ein Wunsch.

Andrea Breth
Schaubühne am Lehniner Platz

»Dr Schtaat isch in Gefahr!«

Ein Vorwort von Ulrich Kienzle

Es war eine aufregende Zeit, Woodstock, Achtundsechzig und auch noch Manfred Naegele. Der machte damals in der »Abendschau« die »Anti-Hitparade«. Im Geiste von Woodstock killte er jede Woche kitschige und besonders verlogene Schlager. Nicht mit ideologischem Schaum vor dem Mund. Er führte sie einfach ad absurdum. Mit Bildern. Schlagender ging es nicht. Natürlich gab es wüste Proteste gegen dieses wöchentliche Schlagermassaker, aber auch begeisterte Zustimmung. Genau richtig. Die »Abendschau« erregte damals noch Aufmerksamkeit.

Manfred Naegele hatte ich bei einer Party in Tübingen kennen gelernt. Er hatte das Erste Juristische Staatsexamen in der Tasche, einen Touch Marty Feldman, keine Ahnung von Fernsehen und jede Menge Ehrgeiz. Das machte mich neugierig. Die Beamtenlaufbahn war nicht unbedingt sein Lebensziel. Genau solche Typen brauchten wir für das Fernsehen. Ich musste dann als Redaktionsleiter auch nicht viel Überzeugungsarbeit leisten. Er landete schließlich bei der »Abendschau«.

Die »Abendschau« war damals ein journalistisches Laboratorium. Es knisterte, brodelte und gärte in der Redaktion.

Wir wollten das Fernsehen neu erfinden und gleichzeitig die Welt noch ein bisschen verbessern. Das war natürlich Irrwitz mit einem Hauch von Größenwahn. Aber so war die Zeit halt damals. Autoritäten galten als verdächtig. Sie mussten sich erst beweisen. Dem Chefredakteur fiel das besonders schwer. Emil Obermann, genannt »Gilb«, nahmen wir Fernsehleute nicht so richtig ernst, der kam ja aus dem Print-Gewerbe. Wir hielten ihn für einen CDU-Hardliner, aber er war immerhin Mitbegründer des Heidelberger SDS gewesen. Davon merkte man allerdings nichts mehr. Und vom Fernsehen verstand er eher wenig, wie übrigens auch die Landesregierung. Die Politiker begriffen erst später die Bedeutung des Fernsehens für ihr Gewerbe. Glück für uns. Verglichen mit heute, waren das paradiesische Zustände. Der Einfluss der Politik hat später auch den einst kreativsten Sender der ARD, den SDR, erreicht.

Der SDR war bekannt für die besten Fernsehspiele, er hatte das Magazin »Report« erfunden und die renommierteste Dokumentarabteilung. Der SDR war ein Leuchtturm in der Fernsehlandschaft. Umwelt war damals noch kein Thema. Also machten wir es dazu. Wir nannten Umweltverschmutzer beim Namen, 250-mal. Das war neu und ungewohnt. Höhepunkt war die Kampagne für den Bodensee. Giftiges Abwasser floss damals ungeklärt in den See, der zu kippen drohte. Es war fünf vor zwölf. Statt die Sauereien am See abzustellen, reagierten Bürgermeister und Bosse mit einer fiesen Kampagne gegen die »Abendschau«-Berichte. Die Gremien des SDR wurden aufgestachelt. Sie sollten die Wirtschaftsfeinde im Stuttgarter Sender zum Schweigen bringen.

Mit dieser Umwelt-Aktion waren wir in der politischen Wirklichkeit angekommen. Roman Brodmann hat später in einer vielbeachteten Dokumentation das Thema bundesweit bekannt gemacht. Der Bodensee wurde gerettet. Wir hatten etwas bewirkt. Wir waren sozusagen die ersten »Grünen«, ohne es zu wissen. Es gab kein Lob und keine Preise für dieses aufregende journalistische Experiment, jedoch jede Menge Ärger und Anfeindungen. Aber wir merkten, dass die »Abendschau« ernst genommen wurde.

Eine echte Bewährungsprobe wurden die Studentenunruhen. Im Sommer 68 hatten Studenten der Uni Heidelberg das Rektorat besetzt. Dabei war selbstverständlich auch ein Team der »Abendschau«. Als die Polizei das Rektorat stürmte, entstanden Bilder von einer wilden und brutalen Prügelorgie. Sehr direkte und realistische Bilder: die Polizei, eine ungezügelte Putztruppe, die alles kurz und klein schlug, die Eingangstür, die Studenten und zuletzt auch noch die TV-Kamera. Schlagende Beweise, auf Film dokumentiert. Der Bericht in der »Abendschau« wurde zur politischen Affäre. Aufgeregte Politiker erzwangen eine Sondersitzung des Landtags. Unsere Bestimmer waren in Alarmstimmung.

Am Tag nach der Sendung stürmte Chefredakteur Obermann erregt in die Redaktionssitzung. Er konnte sich nicht mehr beherrschen. Schließlich ließ er seinen Gefühlen freien Lauf, heraus kam ein verzweifelter Aufschrei, der zu einem SDR-internen Klassiker wurde: »Dr Schtaat isch in Gefahr!« Der Chefredakteur sah allen Ernstes die Studenten als Vorboten des Umsturzes und die Abendschau als Werkzeug der Revolution. Meine spontane Antwort mag ihn darin sogar noch bestätigt haben: »Des isch Ihr Schtaat«, rotzte ich zurück, »mir wellet en ganz andera, Herr Obermann!«, Revolution auf schwäbisch.

Es gab aber Wege und Methoden, dieser Adenauer-Obermann-Welt zu entfliehen. Manfred Naegele war eben nicht nur Schlagerschänder, Jurist und frischgebackener Journalist, er kannte auch zwielichtige Leute, die wiederum andere Leute kannten, die Kontakte hatten in die schwäbische Schattenwelt. Süße, wohlbekannte Düfte streiften ahnungsvoll das Land. Besonders heftig an Naegeles 30. Geburtstag. Der entwickelte sich zur Krönungsmesse subversiver schwäbischer Haschrebellen. Die Geburtstagstorte, die um Mitternacht angeschnitten wurde, war eine hochexplosive »Haschbombe«. Aber diesen Höhepunkt bekam ich gar nicht mehr mit. Ich konnte zuvor bereits dem schwäbischen Zwiebelkuchen nicht widerstehen, der ebenfalls mit einer vollen Dröhnung Haschisch kontaminiert war. Danach begannen mir plötzlich die Konturen zu verschwimmen. Das bisschen Realität, das ich noch wahrnahm, schien sich aufzulösen, die Welt war plötzlich voller Löcher, der Boden brach auf, die Decke entschwebte und machte ebenfalls riesigen Löchern Platz. Naegeles Geburtstag geriet zum wilden Hexensabbat. Ich entschwand schließlich traumwandlerisch auf einer Wolke sieben nach Hause. Meine Frau wird diese chaotische Heimfahrt wohl nie in ihrem Leben vergessen.

Der Horrortrip an Naegeles Geburtstag hatte dann aber lebensentscheidende Folgen. Reumütig kehrte ich nach einiger Zeit der Verwirrung zu einer altbewährten schwäbischen Droge zurück: zum Trollinger.

Der Staat war nicht mehr in Gefahr.

Nicht aller Anfang ist schwer ...

Zum Fernsehen kam ich wie die sprichwörtliche Jungfrau zum Kind, ohne jede Ausbildung, keine journalistische Erfahrung, kein Gramm Vitamin B, null Bock auf Bildschirm. Eigentlich sollte und wollte ich Jurist werden. Nach sieben Jahren Ausbildung im gehobenen Justizdienst zum württembergischen Bezirksnotar amtierte ich als Nachlass- und Vormundschaftsrichter in Stuttgart auf der Königstraße. Um Volljurist werden zu können, holte ich nach Dienstschluss am Abendgymnasium das Abitur nach. Mit der Matura, dem Großen Latinum und einem Begabtenstipendium der Robert-Bosch-Stiftung studierte ich dann an der Eberhard Karls Universität Tübingen Jura. Unter der ermunternden Inschrift ATTEMPTO über dem Haupteingang der Neuen Aula eilte ich elf Semester lang fast täglich zu Vorlesungen, Seminaren und in die Bibliothek der juristischen Fakultät. 1969 absolvierte ich das erste Staatsexamen und wurde Rechtsreferendar im höheren Justizdienst, ein Dschungel aus Paragraphen, Gesetzen, Verordnungen und Vorschriften sollte mein Alltag werden, ein breites Spektrum an Berufen bot sich an.

Vorbei das turbulente Studentenleben jener 1960er-Jahre, eine unvergessliche Zeit. Halbhoch über Tübingen wohnte ich als Studiosus zuletzt bescheiden auf wenigen Quadratmetern im Annette Kade Studentenheim, in dem noch streng nach weiblichen und männlichen Kommilitonen in zwei Gebäudekomplexen getrennt wurde. Nur in einem schmalen Verbindungstrakt durfte ein Fernsehraum von beiden Geschlechtern gemeinsam genutzt werden, zwei Schwarz-Weiß-Programme standen zur Auswahl, über die es häufig genug Streit gab; es wurde abgestimmt ob ARD oder ZDF, »Tagesschau« oder »heute-journal«. Um 22.00 Uhr war allerdings Sperrstunde, der Bildschirm wurde dunkel, die Türen zwischen ♀ und ♂ streng moralisch gemäß der Hausordnung abgeschlossen, der Sexualkundeatlas der Bundesgesundheitsministerin war noch nicht erschienen.

Als Student hatte ich anderes im Sinn, als in der vorlesungsfreien Zeit »vor der Glotze zu hocken«. Viel lieber ging ich abends in die kontaktfreudige »Tangente«, in den kreativen »Club der hundert« oder ins progressive »Zimmertheater«, das unter der Leitung von Salvatore Poddine und nach seinem tragischen Freitod auch unter Helfrid Foron weit über Tübingen hinaus Theaterfreunde anlockte. Und natürlich engagierte ich mich auch politisch mit Gesinnungsgenossen, schrieb Parolen auf Transparente, blockierte Hörsäle, boykottierte Vorlesungen, diskutierte mit Professoren gegen »Muff unter den Talaren«, hörte donnerstags abends im Audimax die öffentlichen Vorlesungen von Walter Jens, demonstrierte mit der APO auf dem Geschwister-Scholl-Platz und dem Marktplatz vor dem Rathaus gegen den Vietnamkrieg, die Erschießung von Benno Ohnesorg in Berlin, für sexuelle Freiheit, nach dem Motto »Wer zweimal mit derselben pennt, gehört schon zum Establishment«, auch gegen antiautoritäre Erziehung oder für den Prager Frühling. Einmal mobilisierte ich sogar mit einer kleinen Tübinger Truppe im Gefolge von Daniel Cohn-Bendit die Solidarität der Arbeiterschaft mit den Studenten in einigen Pariser Arrondissements, wenn auch wenig erfolgreich gegen die brutale Härte der französischen Polizei. Mit einigen Blessuren und einer Beule im Auto fuhren wir etwas demotiviert von der Seine zurück an den Neckar.

Heiligabend feierten wir 1968 bei einem politisch etwas radikaleren Kommilitonen ziemlich unweihnachtlich. Zu meiner Überraschung hatte er zwar einen großen Christbaum mitten in seine Studentenbude aufgestellt, statt bunter Kugeln und Lametta waren jedoch Pistolen und Revolver verschiedener Kaliber an den Zweigen aufgehängt. Waffen, wenn auch ungeladen und vermutlich ohne Waffenschein, als Christbaumschmuck zu missbrauchen, das fand ich dann doch nicht komisch, egal ob als schlechter Scherz oder pietätlose Glorifizierung von Gewaltsymbolen an einem christlichen Hauptfest.

Gewalt, gar gegen Personen, war in meinem Tübinger Studentenumfeld jenseits des aktionistischen SDS tabu, »macht kaputt, was euch kaputt macht«, war nicht unsere Parole. Es gab zwar einen Typen in der linken Szene, den nannte man »Bomben-Peter«, doch auch bei ihm war dieses martialische Nomen kein real kriminelles Omen. Ein ehemaliger Kommilitone aus unserer juristischen Fakultät wurde dann doch einige Jahre später wegen Verbindung zu einer kriminellen Vereinigung im Umfeld der RAF verurteilt, allerdings in Abwesenheit. Er hatte sich rechtzeitig vor Prozessbeginn im Nahen Osten in den Libanon abgesetzt. Nach Ablauf der Strafverjährung kam er in die BRD zurück und wurde sogar einige Jahre später als Rechtsanwalt wieder zugelassen.

Vielleicht reagierte ich damals in meiner Studentenzeit jenseits von Hippie-Bewegung und politischen Aktivitäten auch unbewusst meinen sehr privaten Schmerz und meine Traurigkeit jener Tage ab. Während ich Vorlesungen und Seminare besuchte, ist in der Tübinger Universitäts-Kinderklinik mein kleiner Sohn Niklas aus erster Ehe gestorben. Er war unheilbar krank und durfte nicht einmal ein Jahr alt werden. Nach seinem Tod ging meine Ehe mit seiner Mama Aiga in die Brüche.

Das Leben ging weiter, doch es nahm bald einen anderen Lauf. Ein Studienfreund, Walter Sucher, jobbte damals mangels eines Stipendiums nach den Vorlesungen und Seminaren, um sein Taschengeld aufzubessern. Dafür fuhr er abends manchmal in seinem klapprigen »NSU Neckar« nach Stuttgart und verdiente beim Südfunk Fernsehen als Kabelhelfer im Studio ein paar Mark. Eines Tages, an seinem Geburtstag, revanchierte er sich und lud Kollegen vom SDR zu einem Picknick nach Tübingen ein, Redakteure der »Abendschau«, Cutter, Kamera- und Tonmänner.

Draußen, auf einer blühenden Wiese vor der Stadt, grillte er als Geburtstagsbraten ein biologisches Spanferkel von der Schwäbischen Alb. Ich half ihm beim Drehen des Grillspießes, löschte den Braten mit Bier ab und verscheuchte die lästigen Fliegen und Bremsen. Das Jungschwein taufte Walter postmortal mit einem Schuss 40-prozentigem Kirschwasser auf Maria. Dieser Missbrauch eines Sakramentes mit dem Namen der jungfräulichen Gottesmutter schien mir mit meiner streng katholischen oberschwäbischen Erziehung damals ziemlich unpassend für ein nacktes Ferkel, ebenso das ungeweihte, areligiöse Taufwasser. Als Kind habe ich in der Kirche noch inbrünstig gesungen »Maria zu lieben ist allzeit mein

Sinn«. Ich wollte dem Geburtstagskind jedoch nicht widersprechen, akzeptierte die unwürdige Namensgebung und steckte der kleinen, armen Sau wenigstens einen tröstlichen Feldblumenstrauß ins tote Mäulchen, das dankbar zu lächeln schien. Einige Kisten Haigerlocher Bier kühlten ökologisch in der seichten Ammer, es war ein freundlicher, warmer Sommertag.

Abends, als Maria gar gegrillt war, kamen nach ihrer »Abendschau«-Sendung die Fernsehgeburtstagsgäste aus Stuttgart in einem Kleinbus auf unsere illegale Festwiese angefahren. Die letzte Wegstrecke dorthin hatten wir mit Luftballons markiert, im gleichen Rot wie meine kleine Mao-Bibel. Ein ziemlich buntes Häuflein um Redaktionsleiter Ulrich Kienzle kletterte bei lautem Gehupe aus dem Zwölfsitzer und versammelte sich mit »happy birthday« um das Geburtstagskind und das duftende Ferkel. Auch ein Inder war dabei, Durga Gosh, als Vegetarier war er kein Freund von Schweinefleisch. Allen anderen schmeckte Maria superlecker. Es herrschte beste Stimmung bei scheppernden Klängen aus einem alten Kofferradio, der Mond stieg voll und golden hinter dem Schloss Hohentübingen in den wolkenlosen Himmel über Stiftskirche und Hölderlinturm.

Als Mitternacht schon näher rückte, war keiner der Geburtstagsgesellschaft, außer dem Busfahrer natürlich, noch ganz nüchtern und die sonst so verbesserungswürdige Welt der End-60er-Jahre für einige Stunden einigermaßen in Ordnung. Einer der »Fernsehfritzen« stieg beim nächtlichen Biernachfassen barfuß in die plätschernde Ammer, geriet aus dem Gleichgewicht, rutschte ins Wasser und verlor dabei seine Brieftasche. Sie schwamm in der Dunkelheit unauffindbar Richtung Neckar. Auch das katholische Kirchenlied »O Maria schütz' uns all hier in diesem Jammertal« hätte im Ammertal das Portemonnaie wohl nicht zurückgebracht. Unsere Maria war nur noch Kopf und Knochen, das Blumensträußchen in ihrem Mäulchen verschmort, die wärmende Holzkohle unter dem Skelett verglüht. Beim Abschied sagte Ulrich Kienzle noch mit müder Stimme und etwas schwerer Zunge, wenn ich mal nach Stuttgart käme, könne ich gerne bei ihnen in der Redaktion vorbeischauen, »adios amigos!«.

An diese nächtliche Einladung erinnerte ich mich, als ich einige Zeit später wegen der Organisation meines Referendariats einen Termin in der Landeshauptstadt in meiner obersten Dienststelle beim Justizministerium am Schillerplatz wahrnehmen musste. Anschließend fuhr ich mit meinem geliehenen Citroen Ami6 zum Fernsehstudio des SDR auf den Hügel der Villa Berg, in Erinnerung an die Einladung des Abendschauleiters. Ein freundlicher Pförtner wies mir den Weg zur Redaktion der »Abendschau«. Dort waren die Kollegen gerade zur täglichen Programmsitzung versammelt. Sie begrüßten mich freundlich und schwärmten von dem gelungenen gemeinsamen Abend mit Maria. Ich wurde eingeladen, mich einfach dazuzusetzen. Für mich eine unbekannte journalistische Welt. Bei Kaffee und Zigaretten wurden aktuelle Themenvorschläge genehmigt oder verworfen, die Sendung vom Vorabend kritisiert, doch alles in einem sympathisch kollegialen Ton. Besonders beeindruckte mich der kritische Geist in der Runde, keine Scheu vor heiklen Themen, kein falscher Respekt vor prominenten Namen – eine gute Truppe mit einer in doppeltem Sinne ansehnlichen Frauenquote.

Nach der Sitzung fragte mich Redaktionsleiter Kienzle, ob ich nicht Lust hätte, auch mal einen Film für die »Abendschau« zu machen. Obwohl ich nicht die geringste Ahnung vom Filmemachen hatte, sagte ich mutig: »Warum nicht?«.

Mit einem Redaktionsexemplar der *Stuttgarter Zeitung* setzte ich mich ins Fernsehcasino und fand beim Durchblättern ein Thema, das mich interessierte, schlug es vor und erhielt spontan die Antwort: »Machen Sie mal«. Mit freundlicher Hilfe der Sekretärin und eines kreativen Kamerateams drehte ich als blutiger Anfänger in den nächsten Tagen meinen ersten kleinen Fernsehbeitrag über eine angesagte englische Popgruppe, die gerade in Stuttgart gastierte. Ich stellte die Boys nicht auf der Bühne, vor dem Schloss oder in ihrem Hotel vor die Kamera, verfrachtete sie vielmehr samt ihren Instrumenten in ein blumengeschmücktes großes Ruderboot und ließ sie auf dem Neckar vor der malerischen Kulisse der Rebhänge des Rotenbergs schwankend Play back spielen. Der Bootsbesitzer mimte, folkloristisch verkleidet in Wengertertracht, einen schwäbischen Gondoliere. Das kleine Konzert der schwimmenden Open-Air-Band drehten wir mit zwei Kameras, eine am Neckarufer für eine Totale, die zweite für Nahaufnahmen in einem parallel fahrenden Motorboot.

Durga Gosh, der ein besonders kreativer Cutter war, half mir unerfahrenem Filmamateur, einen munteren Beitrag aus dem mitgebrachten Material sendefähig zu schneiden. Das Opus minimum von knapp vier Minuten wurde vom Tagesredakteur abgenommen und ausgestrahlt. In der freitäglichen Wochenkritik wurde dieses bescheidene Erstlingswerk zu meiner freudigen Überraschung vom Redaktionsleiter als bester Film der Woche gelobt. Ulrich Kienzle ermunterte mich danach, doch weiter Filme für die »Abendschau« zu machen. Die Kollegen klopften anerkennend auf den Sitzungstisch. Ich war also ohne Bewerbung beim Fernsehen gelandet, brach meine Zelte in Tübingen ab, verließ die Studentenstadt mit den verschränkten Häuserzeilen, den stolzen Fachwerkgiebeln, historischen Toren und Türmen und zog mit Sack und Pack im Sommer 1969 in die weit weniger beschauliche Landeshauptstadt Stuttgart. Gemeinsam mit meinem Freund Walter, inzwischen als freier Mitarbeiter auch ein »Abendschau«-Kollege, mieteten wir als Mini-WG ein kleines Appartement in der Hotelanlage »Kemnater Hof« am Rande der Stadt auf den Fildern im Grünen.

Endgültig passé das freie, wilde Studentenleben, wenn auch mit akademischen Anstrengungen und Prüfungen. Nun amtierte ich vormittags seriös als Rechtsreferendar bei Gerichten, Anwälten, Landratsamt und Staatsanwaltschaft, für den Rest des Tages war ich als frischgebackener Journalist freier Mitarbeiter beim Süddeutschen Rundfunk, öffentlich-rechtlich mit ordentlichen Honoraren. Die Fernseharbeit gefiel mir deutlich besser als die vergleichsweise trockene Juristerei mit ihrem Paragrafendickicht aus Privatrecht, öffentlichem Recht, Strafrecht und internationalem Recht.

Verglichen mit meinem damaligen unbürokratischen Einstieg beim Fernsehen hätte ich heutzutage ohne eine qualifizierte journalistische Ausbildung keine Chance, bei einem Sender zu arbeiten und dann auch noch Karriere zu machen. Das träfe heute auch für andere Kollegen von damals zu, Seiteneinsteiger, Querköpfe, schräge Vögel, Alkis, Schwule, sogar ehemalige Knastis, die jedoch für das Programm durchaus belebend und auch prägend waren. Journalistische Freiheit und Unabhängigkeit waren selbstverständlich, man riskierte etwas, recherchierte und experimentierte am Puls der Zeit, auch wenn manche Programmidee oder eine kritische Umsetzung sprichwörtlich in die Hose ging.

Wir brachten schon Anfang der 70er-Jahre im Regionalprogramm eine regelmäßige Serie gegen Umweltsünden, noch bevor es die Grünen gab, prangerten mit dem »Ärgernis der Woche« Missstände an, die Kunstfigur des »Bruddlers« mit dem Volksschauspieler Werner Veit durfte einmal pro Woche schwäbisch-komisch über Ungereimtheiten des Alltags meckern und motzen. Das Wort Einschaltquote war noch nicht erfunden, die Rundfunkgebühren und Werbeeinnahmen deckten ausreichend die Programmkosten, die Etats der Abteilungen und Redaktionen aller Sparten ermöglichten auch aufwändige Produktionen und Experimente, man war öffentlich-rechtlich noch unter sich.

Also hängte ich irgendwann die Juristerei ganz an den Nagel. Ich blieb beim Fernsehen, machte Filme, moderierte Magazine und Talkrunden, führte Regie. Schließlich leitete ich den Programmbereich »Kultur und Gesellschaft«, aus dem zuvor die legendäre »Stuttgarter Schule« mit Aufsehen erregenden Dokumentarfilmen hervorgegangen war, ein anspruchsvoller Job mit qualifizierten Kolleginnen und Kollegen und beträchtlichem Millionen-Etat. Nach der Fusion von SDR und SWF im Jahr 1999 begann eine andere Zeit, ich verabschiedete mich vom SWR-Fernsehen in den vorzeitigen Ruhestand.

Langweilig wurde es mir auch jenseits der sechzig nicht. Ich schrieb ein Büchlein, eröffnete die SWR-Galerie im Stuttgarter Funkhaus mit fünf großen Ausstellungen im Jahr, gestaltete für das Stuttgarter »Haus des Dokumentarfilms« mit historischen Aufnahmen Filmreisen in die Vergangenheit von Stuttgart, Esslingen a.N., Baden-Baden, Singen a.H., Heilbronn, Reutlingen und Villingen-Schwenningen, die auch im Dritten Programm des SWR gezeigt wurden. Im Haus des Dokumentarfilms war Wilhelm Reschl, ein früher geschätzter Mitarbeiter in meinem Programmbereich beim Sender, nun als Geschäftsführer für diese Produktionen mein Chef – Tempora mutantur.

Während ich die folgenden Geschichten memorierte und in die Tasten tippte, lief immer in meinem Arbeitszimmer nebenher ein Fernsehprogramm, manchmal mit Themen, die auch mir gerade beim Erinnern an das Fernsehen von gestern und vorgestern durch den Kopf gingen. So sagte in einer Sendung der greise österreichische »Taubenvergifter im Park«, Georg Kreisler, über das Fernsehprogramm von heute: »Man applaudiert minderwertigen Unterhaltern«. Die Violinvirtuosin Anne Sophie Mutter, von Harald Schmidt nach dem kommerziellen Erfolg ihrer CDs gefragt, gab zur Antwort: »Die Unschuld verliert, wer auf Verkaufszahlen schielt«. Vielleicht hätten der kritische Wiener Kabarettist oder die wunderbare Geigerin, bezogen auf manches Fernsehprogramm von heute, auch sagen mögen: »Die Unschuld verliert, wer auf die Quote schielt«. Ich weiß, für Programm- und Marketingmanager privater und öffentlich-rechtlicher Fernsehkanäle hinkt dieser Vergleich, hohe Einschaltquoten sind natürlich wichtige Maßstäbe für Zuschauerakzeptanz, aber auch eine Art Währungseinheit für Gebühren und Werbeeinnahmen.

Nein, früher war auf dem Bildschirm nicht alles besser, nur anders. Doch die Zeiten ändern sich nicht per se, es liegt schon auch an den Zeitgenossen selbst und nicht zuletzt an den Multiplikatoren in den Medien. Und die versuchen natürlich, den Zeitgeist mit immer neuen Programmformen im Fernsehen zu reflektieren, Casting-Shows, Coaching-Teams, Dokusoaps, Telenovelas, tägliche Talkshows, History- und Science-Serien, Quiz auf allen Kanälen, Comedy-Inflation, Kochsendungen bis zur Übersättigung, Zoobesuche landauf landab, aber auch mit anspruchsvollen Magazinen, Reportagen und Spielfilmen, mit öffentlich-rechtlichen Spartenkanälen und in zahlreichen Internetportalen, um vor allem auch jüngere Zuschauer zu erreichen.

Nun also der Blick zurück auf so manche Fernseherlebnisse und kuriose Begegnungen von gestern und vorgestern vor und hinter der Kamera, so wie sie mir aus vielen Jahren in angenehmer, manchmal auch schmerzlicher Erinnerung geblieben sind, Unschärfen, Verklärungen und Sentimentalitäten nicht ganz ausgeschlossen. Hilfreich waren dabei immer wieder frühere Südfunk-Kolleginnen und Kollegen aus Redaktionen und Archiven, Uschi Fritsche, Annette Burger, Anita Bindner, Stefan Rothmund und viele andere, ihnen allen ganz lieben Dank.

»Einer für alle, alle für einen ...«

Anfang der 70er-Jahre durfte ich eine eigene Rubrik in der »Abendschau« gestalten, jeden Samstag in der 19.00 Uhr-Sendung als Schlussbeitrag des regionalen Fernsehmagazins Naegeles kleine »Hitparade«. Keine Schlagereuphorien à la Dieter Thomas Heck im ZDF, vielmehr süffisante Moderationen in allerlei Verkleidungen und dazu satirische Filmchen über die aktuellen Schlager der Woche, »Es fährt ein Zug nach nirgendwo«, »Schöne Maid«, »Wir zwei fahren irgendwohin«, »Butterfly« u.a.

Eigentlich waren meine subjektiven filmischen Schlagerinterpretationen aus heutiger Sicht so etwas wie Prototypen für die professionellen Musik-Videoclips der späteren Jahre, allerdings noch mit technisch bescheidenen Mitteln, mechanischen Kameras, simplen Bluebox-Effekten statt digitaler Hightec-Elektronik und Studiotechnik. Vor allem war meine »Hitparade« alles andere als kommerziell im Sinne der Musikindustrie. Mit ziemlich schrägen Phantasien, launigen Texten und komischen Kostümierungen habe ich die heile Schlagerwelt und ihre beliebten Interpreten in süffisanten Worten und Gegenbildern zu den Songtexten auf dem Bildschirm durch den Kakao gezogen.

Dieses Sakrileg am Schlagerhimmel mit den gefeierten Idolen jener Jahre wurde von vielen Fernsehzuschauern nur mit Abscheu und Kritik ertragen, von anderen wiederum mit Schmunzeln genossen. Dennoch wurde die kontrovers wahrgenommene Sendung Kult und mit einem Fernsehpreis ausgezeichnet, sogar in zwei halbstündigen Zusammenschnitten als »Schlagersahne« im Abendprogramm der ARD gesendet. Noch heute, nach bald 40 Jahren, werde ich immer wieder auf der Straße von älteren Herrschaften auf jene »Hitparade« angesprochen, so etwas würden sie bei der Inflation von Volksmusik und gecasteten Superstars auf dem Bildschirm vermissen, na ja.

Der Sommer 1974 war das Jahr der Fußballweltmeisterschaft im eigenen Land. Die deutschen Kicker der Nation stürmten im Vorfeld der Spiele mit ihrem von Jack White produzierten Song »Fußball ist unser Leben« die Charts und heizten die nationale WM-Begeisterung noch an. Ganz Deutschland war im Fußballfieber. Franz Beckenbauer und seine Männer, die sonst vor Länderspielen die dritte Strophe des Deutschlandliedes als Nationalhymne mehr schlecht als recht und ziemlich lustlos gemeinsam intonierten oder wenigstens lautlos die Lippen bewegten und weniger an Einigkeit und Recht und Freiheit dachten als an die nächsten 90 Minuten im Stadion, gaben nun als gecoachter Amateurchor ihr Bestes. Beim Erscheinen wurde ihre Single, trotz musikalisch bescheidener Qualität, ein Bestseller auf dem Plattenmarkt und natürlich ein willkommener Beitrag für meine »Hitparade«. Um diesen Ohrwurm in Ton und Bild à la »Hitparade« zu präsentieren, musste ich mir natürlich schon etwas ganz Besonderes einfallen lassen.

Es wurde eine Studioproduktion, die folgendermaßen aussah: Wir stellten ein ausgeleuchtetes Tischfußballspiel ins ansonsten leere, dunkle Studio und filmten es senkrecht von oben, bildfüllend unter einer Kamera im Studiohimmel. Die eine Mannschaft der hölzernen Kicker war an ihren schwarzweißen Trikots als die Deutschen zu erkennen. »Ton ab, Kamera läuft!«, nach meinem Anpfiff als Schiedsrichter bedienten zwei Studiohelfer außerhalb der Kameraperspektive unsichtbar die Hebel mit den Spielern und versuchten Tore zu schießen, aus der Regie wurde die Hymne zugespielt »Fußball ist unser Leben ...«. Der kleine Ball rollte und knallte von Spieler zu Spieler, an die Bande, aufs Tor, fast wie auf dem richtigen Rasen. Bei der Textzeile »König Fußball regiert die Welt« warf ich plötzlich aus dem Off ein rohes Ei auf den Kopf des deutschen Liberos, es zerplatzte und verfärbte den Kapitän dottergelb, eine Majestätsbeleidigung für Kaiser Franz und die Elf von Helmut Schön. Dann sauste eine weiche Tomate daher, verschmierte den deutschen Nationaltorwart und versperrte ihm die Sicht, eine lahme Gurke, faule Äpfel, ein welker Salatkopf, ein brauner Blumenkohl flogen hinterher. Beim lautstarken »einer für alle, alle für einen« kickten sich die kleinen Spieler kaum noch sichtbar mühsam weiter durch die träge Biomasse, es spritzte und schmatzte zum Erbarmen. Als der Fußballerchor wie im Siegesrausch sang »bis dann ein Tor nach dem anderen fällt«, war von Toren, Spielern und dem grünen Kunststoffrasen, von Mittelkreis und Strafraum nichts mehr zu erkennen, nur noch ein einziger, wabernder Komposthaufen auf dem harten Fußballfeld. Dann pfiff ich das unappetitliche Spiel ab, der Toningenieur verzerrte die letzten Töne der fröhlichen Fußballarie, »Kamera aus!«. Der ganze Beitrag war wie in einem richtigen Stadion professionell mit mehreren E-Kameras gedreht, Applaus und Gelächter im Studio.

Am folgenden Samstag wurde dieser Musik-Clip in meiner »Abendschau-Hitparade« gesendet. Der Redaktionsleiter, alles andere als ein Fußballfan, hatte bei der Abnahme dennoch etwas Bedenken, meine ausgefallene Interpretation den Zuschauern als Beitrag zur WM zuzumuten. »Wenn das mal gut geht«, sagte er beim Verlassen des Schneideraums und grinste. Mit einigen Kollegen saß ich abends in der Redaktion vor dem Bildschirm, gemeinsam schauten wir live die Sendung an, Schlussbeitrag war »Fußball ist unser Leben«. Kaum war der Abspann gelaufen, klingelte draußen das Telefon. »Herr Naegele, ein unzufriedener Zuschauer für Sie!«, rief die Sekretärin. Ich übernahm den Hörer und meldete mich mit meinem Namen. Am anderen Ende der Leitung schrie mich grußlos eine aufgebrachte Männerstimme an: »Sie sind also der Naegele von der ›Hitparade‹, so einen wie Sie sollte man mit einem feuchten Putzlappen ganz langsam totschlagen.« – aufgelegt. Der Jurist in mir fragte sich, ob das, wenn schon keine Morddrohung, so doch eine Beleidigung war. Egal, besser die Zuschauer einmal auf die Palme bringen als sie zu langweilen.

Ob jener empörte Zuschauer sich mit seiner unappetitlichen Mordphantasie über eine missbräuchliche Verwertung von Viktualien oder eine ungebührliche Verunglimpfung der bundesdeutschen Nationalmannschaft echauffierte oder gar über beides, wer weiß. Ich konnte sowohl mit meinem biologischen als auch meinem sportlichen Gewissen leben. Die »rote Karte« habe ich dafür vom SDR nicht bekommen, immerhin war das Verfallsdatum der vegetarischen Wurfgeschosse längst abgelaufen, Deutschland bzw. die BRD wurde, trotz meiner Satire und Jürgen Sparwassers legendärem Gegentor im Hamburger Volksparkstadion, Fußballweltmeister. Auch die Verkaufszahl der Fußballnationalhymne in den Plattenläden dürfte nicht darunter gelitten haben, eher im Gegenteil. Ebenso wenig dürfte mein unappetitlicher Missbrauch dem Absatz von Tischfußballenspielen geschadet haben, auf ihren kleinen Spielfeldern werden inzwischen längst eigene Mini-Weltmeisterschaften ausgetragen.

Es gab sogar eine positive und liebenswürdige Zuschauerreaktion nach jener Sendung. Wenige Tage später lag in meinem Redaktionspostfach ein dicker Brief. Darin war zu lesen, dass der Absender ein Fan meiner »Hitparade« sei, keine meiner Sendungen verpasse, die Verballhornung der Fußballarie sogar besonders gelungen fand und sich auf seine Weise bedanken wolle. Er ließ mich wissen, dass er Kleingärtner und ein Blumenzüchter sei. Dabei sei es ihm gelungen, eine Sorte gelber Stiefmütterchen so zu entwickeln, dass die schwarze Zeichnung in der Mitte der Blütenblätter eine gewisse Ähnlichkeit zu meinem Gesicht mit markantem Schnauzbart und buschigen Augenbrauen hatte. Als Beleg lag ein sorgfältig in feuchte Watte gepacktes Exemplar bei. Nach einigem Drehen und Wenden des Stiefmütterchens konnte ich mich tatsächlich mit etwas Phantasie darin als Karikatur erkennen. Mit dieser Züchtung hat mein Fan mich auch noch botanisch verewigt und diese seine Stiefmütterchenvariante der Sorte »Viola lutea« auf meinen Namen getauft. Ich presste das Blümchen sorgfältig mit Passepartout in einen kleinen Bilderrahmen und hängte es als Alter ego und floralen Orden neben meinen Schreibtisch in der Redaktion, wo es sich allmählich entfärbte und zu Staub zerfiel, sic transit gloria.

Wie aus einer »Annabelle« ein »Annabello« wurde

Nicht nur Schlagerstars, auch populäre Liedermacher habe ich in meiner »Hitparade« filmisch interpretiert. Als Reinhard Mey mit seiner »Annabelle« 1972 in den Bestsellerlisten auftauchte, kam mir die naheliegende Idee, seinen Songtext fernsehgerecht ins Bild zu setzen. Eigentlich traf Reinhard Mey mit »mach meine heile Welt kaputt« den damaligen Zeitgeist ganz gut, das Aufbegehren der Jugend gegen noch konservative und autoritäre Strukturen der Gesellschaft, schleppende Vergangenheitsbewältigung, Emanzipation wurde noch ziemlich klein geschrieben, Schwule und Lesben noch ausgegrenzt, ledige Mütter immer noch schief angesehen, Gastarbeiter noch als Mitbürger auf Zeit betrachtet. Deutschland sollte ein »ewiger Sonntag« für die restaurative Elterngeneration bleiben, mit einem Lebensgefühl, wie es damals Roy Black besungen hat: »Schön ist es auf der Welt zu sein«. Dagegen rebellierten nicht nur fortschrittliche Studenten an den Unis mit »macht kaputt, was euch kaputt macht«.

In jenem gesellschaftlichen Klima hat Reinhard Mey mit seiner »Annabelle« quasi den Liedtext seines stramm systemkritischen Kollegen Franz Josef Degenhardt variiert: »Spiel nicht mit den Schmuddelkindern, sing nicht ihre Lieder«. Bei Reinhard Mey klang das antiautoritäre Aufbegehren gegen solch elterliches Ansinnen etwas weniger sozialkritisch so: »Annabelle, ach Annabelle, du bist so herrlich intellektuell, du bist so wunderbar negativ, zerstör mir meine rosa Brille und meine Gartenzwergidylle, ich bitte dich, komm sei so gut, mach meine heile Welt kaputt«.

Ein willkommenes Lied in meiner »Hitparade«, ein Gegenstück zum affirmativen Schlagereinerlei jener Jahre. Für die filmische Umsetzung nahm ich den sympathischen Reinhard Mey ganz einfach beim Wort, »zerstör mir meine Gartenzwergidylle«. In einem Garten-Center fand ich, was ich suchte, einen überdimensionalen, bunten Gartenzwerg mit wunderbar roter Mütze, in Liliputanergröße immerhin fast einen Meter hoch. Natürlich war mir bewusst, dass der Gartenzwerg etwas Besonderes für das deutsche Gemüt ist, jenseits der Zwerge als Sagen- und Märchenfiguren so etwas wie die Verkörperung des deutschen Michels, tönerne Kultfigur in vielen Kleingartenanlagen, auf Stammtischen, als textiles Maskottchen an Autoinnenspiegeln oder auf der Ablage hinter den Rücksitzen, im Kleinstformat auch als Schlüsselanhänger und und und.

Für die Dreharbeiten zu meinem Hitparadenclip über »Annabelle« setzte ich mich im Kleingärtnerlook, T-Shirt, blauer Schürze über einer Latzhose und Gummistiefeln, in die etwas spießige Idylle einer Schrebergartenkolonie vor die Fernsehkamera. Den riesenhaften Gartenzwerg stellte ich zwischen meine gespreizten Beine und schlug mit einem kräftigen Spitzhammer exakt zum Takt des Schlagers, den der Tonmann von einem Plattenspieler zuspielte, auf den armen Kerl ein. Zuerst flog die Spitze der roten Zipfelmütze davon, dann spaltete ich den bärtigen Zwergenkopf, die Schultern blätterten ab, die Beine zersplitterten, schließlich blieb nur ein Haufen bunter Gartenzwergtrümmer auf dem gepflegten Rasen zurück, passend zum Ausklang des Liedes: »... mach meine heile Welt kaputt«. Achtlos trampelte ich durch den Scherbenhaufen aus dem Bild, Drehschluss. Der Kleingartenbesitzer beobachtete mit sichtlich gemischten Gefühlen unsere Aktivitäten. Natürlich beseitigten wir danach feinsäuberlich die kläglichen Überbleibsel des teuren Riesenzwerges und hinterließen als Honorar für den zertretenen Rasen und als Schmerzensgeld für die gestresste Schrebergärtnerseele einen Fünfzigmarkschein auf Senderkosten.

So weit, so gut. Doch als der fertige Beitrag gesendet wurde, hat er einen Fernsehzuschauer, vielleicht ein Reinhard Mey-Fan oder Vorsitzender einer Kleingartenkolonie, wohl auf die Palme gebracht. Er beschwerte sich schriftlich beim Rundfunkrat über eine solch blasphemische Untat, grausame Sachbeschädigung und geschmacklose Kulturschande in einem öffentlich-rechtlichen Sender. Diese Rüge kam im Fernsehausschuss wohl eher spaßeshalber auf die Tagesordnung der Programmkritik mit ansonsten ernsteren Themen. Der grausame Gartenzwergmord wurde von dem Gremium nicht beanstandet, Satire dürfe eben fast alles, beschieden einvernehmlich die Mitglieder, meine Personalakte blieb sauber.

Eine publizistische Wiedergutmachung am Geschlecht der Gartenzwerge habe ich dann doch einige Jahre später geleistet. Beim SDR gestalteten wir für die ARD eine Reihe halbstündiger Filme mit dem Titel »Typisch deutsch«. Eine Folge war ausschließlich dem Gartenzwerg gewidmet in all seinen Erscheinungsformen, ob mit Brille, Zeitung, Schaufel, Schubkarre oder Fliegenpilz, von der individuellen Handbemalung und industriellen Serienfertigung bis zur Verehrung und liebevollen Pflege durch ihre stolzen Besitzer in angemessenen Biotopen zwischen Blumen, Blüten, Beeren und Bäumen. Dieser Film, »Im Land der Gartenzwerge«, wurde eine sympathisch-satirische Betrachtung einer Facette des deutschen Nationalcharakters, diesmal eine Sendung mit lobenden Kritiken und positiven Zuschauerreaktionen.

Mein grausamer Gartenzwergmord in der »Hitparade« hatte noch ein spätes Nachspiel. Wiederum nach einigen Jahren saß ich mit dem befreundeten Maler Jürgen Leippert vor dem »Bistro Brenner« beim täglichen Espresso im Stuttgarter Bohnenviertel in der Frühlingssonne. Als ein kleiner Junge mit einem bunten Gartenzwerg auf seinem T-Shirt vorbeilief, fiel mir jene »Hitparade« mit Reinhard Mey wieder ein, und ich erzählte die Geschichte meinem Künstlerfreund Jürgen. Er fand sie toll und klopfte mir sichtlich amüsiert auf die Schulter. Als wir uns am nächsten Tag wieder im »Brenner« trafen, kam er mit einer Plastiktüte unterm Arm. Mit süffisantem Lächeln packte er doch tatsächlich einen etwa einen halben Meter großen, rundum goldlackierten Plastikgartenzwerg aus und schenkte ihn mir, immerhin eine seriöse serielle Arbeit des anerkannten Kunstprofessors Ottmar Hörl. Allerdings ist dieses Objekt eine originelle Variante der Spezies Gartenzwerg, denn dieser zeigt, zwar mit eingefrorenem Lächeln, doch am warnend erhobenen Arm, einen goldenen »Stinkefinger« an seiner rechten Hand, als wolle er mein grausames Vergehen gegen einen Artgenossen in der »Hitparade« nachträglich auf ewig verfluchen. Seither steht diese Goldfinger-Plastik als Artefactum gartenzwergensis wetterfest auf unserer Terrasse und schaut uns stumm beim Essen und Sonnenbaden zu, ich habe sie transsexuell auf »Annabello« getauft.

Vielleicht ist diese Kunstfigur auch die leblose Wiedergeburt des von mir nach dem Schlagertext von Reinhard Mey zertrümmerten Gartenzwerges in meiner »Hitparade« von anno dazumal, wie auch immer.

»Ein Zug nach nirgendwo«

Eine Zeit lang funktionierte mein berufliches Doppelleben mehr recht als schlecht. Morgens gab ich seriös den Rechtsreferendar für die baden-württembergische Justiz, mittags agierte ich satirisch bei den Dreharbeiten für meine »Hitparade« im regionalen Fernsehen. Die staatliche Genehmigung für diese öffentlich-rechtliche Nebentätigkeit hatte ich eingeholt. Eines Tages – ich war für drei Monate als Referendar der Staatsanwaltschaft Stuttgart zugeteilt – hatte ich meinen ersten öffentlichen Auftritt beim Amtsgericht Esslingen a.N. Auf der Tagesordnung standen zwischen 9.00 und 12.00 Uhr vier kleinere Kriminalfälle vor dem Einzelrichter, bei denen ich die Anklage zu vertreten hatte. Für diese Premiere war mir zur Sicherheit noch ein Oberstaatsanwalt beigeordnet.

Auf 12.30 Uhr hatte ich vor das Amtsgerichtsgebäude bereits mein Fernsehteam bestellt, damit wir anschließend sofort zum Drehen fahren konnten, um Aufnahmen für meine »Hitparade« zu machen, diesmal die Verfilmung des aktuellen Schlagers »Es fährt ein Zug nach nirgendwo«, gefühlig gesungen von Christian Anders. Ich würde vor der Kamera als Schaffner für den »Zug nach nirgendwo« agieren, in Bundesbahnuniform mit roter Mütze, einer Kelle und Trillerpfeife.

Die entsprechende Kostümierung, am Vortag aus der Requisite besorgt, hatte ich bereits in einer Reisetasche im Anwaltszimmer deponiert.

Kurz vor Prozessbeginn musste ich mich zunächst für den seriösen staatlichen Auftritt verkleiden. Ich schlüpfte im Amtsgericht in einen der dort vorrätigen langen, schwarzen Talare und war somit erkennbar strenger Vertreter der Anklage. Der aus Stuttgart angereiste Oberstaatsanwalt, ein älterer, etwas mürrischer Herr, brachte die entsprechenden Strafakten für die Sitzung mit und übergab sie mir mit einigen kollegialen Ratschlägen. Gemeinsam gingen wir in den Gerichtssaal, etwas mulmig war mir schon zumute.

Punkt 9.00 Uhr wurde der erste Fall vom Richter aufgerufen, einige ältere Besucher saßen bei der öffentlichen Verhandlung im Saal, Gerichtsshows im Fernsehen gab es dazumal noch nicht. Ich absolvierte meinen Part als Ankläger wohl zur Zufriedenheit meines Aufpassers. Er saß neben mir, nickte ein paar Mal anerkennend und ließ mich gewähren. Auch die nächsten Anklagen verliefen reibungslos, meine Strafanträge zu den leichten Delikten deckten sich einigermaßen mit den darauf ausgesprochenen Urteilssprüchen. Ich verzichtete jeweils auf Rechtsmittel, wir waren ziemlich genau im Zeitplan.

Nach kurzer Zigarettenpause kam 11.30 Uhr der letzte Prozesstermin, eine Anklage wegen Diebstahls im Wiederholungsfall. Der Beschuldigte sollte in einem Kaufhaus einen Regenschirm gestohlen haben, Wert ca. 60 DM, das Corpus delicti lag auf dem Richtertisch, der Kaufhausdetektiv war als Zeuge geladen. Nach dem Aufruf des Gerichtsdieners erschien als Beschuldigter ein älterer, bescheidener Mann, schlicht, aber ordentlich gekleidet, ohne Verteidiger. Auf die Frage des Richters zur Person gab er mit leiser Stimme an, Witwer, kinderlos und Kriegsrentner zu sein. Nach Verlesung der Anklageschrift folgte die Vernehmung des Delinquenten.

Bei der Befragung zur Sache gab der Angeklagte die ihm vorgeworfene Tat sofort zu. Der Richter verzichtete im allgemeinen Einverständnis auf die Vernehmung des als Zeuge erschienenen Kaufhausdetektivs, die Plädoyers konnten gehalten werden. Mein begleitender Oberstaatsanwalt zeigte zufrieden mit dem Daumen nach unten auf die Prozessakte, sollte wohl heißen, eine saftige Strafe beantragen bei einem mehrfach vorbestraften Dieb. Irgendwie kam mir die Sache nicht ganz geheuer vor. Bevor ich mit meinem Plädoyer den Strafantrag stellen sollte, fragte ich den Angeklagten noch, ob er denn keinen eigenen Schirm besessen habe – »doch« –, ob es an jenem Tag des Diebstahls geregnet habe – »nein«. Der Richter schaute etwas ungeduldig zu mir herüber, mein Oberstaatsanwalt zischte genervt, ich solle mit der Fragerei aufhören, es sei doch nach dem Geständnis alles klar. Mir war nicht wohl dabei, und so bestand ich auf meiner weiteren Befragung. So ging es noch eine Weile hin und her, bis ich spontan den Antrag stellte, die Hauptverhandlung für ein paar Minuten zu unterbrechen – »stattgegeben«.

Mit meinem beigeordneten, erfahrenen und promovierten Kollegen zog ich mich ins Anwaltszimmer zurück und beharrte in einer etwas heftigen Diskussion darauf, meine eigene Prozessstrategie fortsetzen zu dürfen. Ich sei zwar nur Referendar und Beamter auf Widerruf, dennoch für diesen Prozess der offizielle Anklagevertreter. Der Oberstaatsanwalt winkte resigniert ab, »in Gottes Namen, so wird nichts aus Ihnen, Herr Kollege«. Die Hauptverhandlung wurde fortgesetzt und meine weitere Befragung brachte ans Licht, dass der Angeklagte sogar eine ganze Sammlung von Schirmen besaß, ein paar Dutzend, die er aus Geldmangel immer wieder geklaut hatte. Auf weiteres Bohren nach dem Motiv erfuhr ich schließlich, dass der arme Kerl im Zweiten Weltkrieg als Soldat bei den Fallschirmjägern gekämpft hatte, in Frankreich abgeschossen, schwer verletzt und Invalide geworden war. Es war also nicht auszuschließen, dass seine sinnlose Ansammlung von Schirmen einem psychischen Defekt zuzuordnen war, der im Unterbewusstsein mit der Schutzfunktion der Fallschirme während seiner Kriegseinsätze in Verbindung zu bringen war. Vor diesem Hintergrund konnte ich mit meinem juristischen Gewissen unmöglich eine Haftstrafe beantragen oder eine Geldstrafe, die der geständige Angeklagte vermutlich nicht bezahlen konnte und als Ersatzfreiheitsstrafe absitzen müsste. Also stellte ich den Antrag auf Aussetzung des Verfahrens und Einholung eines psychiatrischen Gutachtens. Das Gericht gab meinem Petitum, zwar nicht im Namen des Volkes, zu meiner Genugtuung immerhin statt, die Verhandlung und die Akten wurden geschlossen. Mein Glaube an die Juristerei hatte einen kleinen Kratzer bekommen. Wie sagt doch das Sprichwort: »Auf hoher See und vor Gericht ist man in Gottes Hand«.

Rasch wechselte ich die Rollen, verabschiedete mich vom Oberstaatsanwalt, streifte meinen entliehenen Talar ab, hängte ihn auf einem Kleiderbügel ordentlich in den Schrank zurück und verkleidete mich auf der Toilette für die Dreharbeiten als Eisenbahnschaffner für den »Zug nach nirgendwo«. Dieser Schlagertitel erschien mir nach der Gerichtsverhandlung für einen Moment wie eine Metapher für meine mir fragwürdig vorkommende Laufbahn in ein juristisches »Nirgendwo«, als ich beinahe fluchtartig das Amtsgericht verließ. Das Fernsehteam erwartete mich nach einiger Verspätung bereits im SDR-Dienstwagen. Der Kameramann schaute etwas vorwurfsvoll auf seine Uhr, wir fuhren gemeinsam los.

Zur Verfilmung des Schlagertextes hatte ich als Hauptdarsteller eine etwas lädierte mechanische Spielzeuglokomotive aus der Requisite besorgt, sie sollte den von Christian Anders besungenen Zug darstellen. Erste Station meiner Idee für ein »Nirgendwo« war in Stuttgart, im Schatten der Stiftskirche, der »Sparkassenbrunnen« des Bildhauers Alfred Lörcher mit einer barbusigen Frauengestalt in der Mitte. Ich zog die Lok auf, blockierte den kleinen Motor und stellte sie auf den breiten, steinernen Brunnenrand. Dann postierte ich mich als Schaffner daneben vor der Kamera. Ein Pfiff, meine Kelle ging hoch, die Märklin-Lokomotive fuhr auf dem Brunnenrand los und fiel nach wenigen Sekunden, gezogen an einem unsichtbaren Faden, hinunter ins trübe Wasser und ertrank im »Nirgendwo« zu Füßen der steinernen Brunnenfigur, die teilnahmslos in den Himmel blickte. Rasch krempelte ich die Ärmel hoch, zog die Lokomotive wieder herauf und trocknete sie gründlich ab – sie funktionierte noch – und wir zogen weiter zu einem zweiten Take.

In der Stuttgarter Wilhelma waren wir mit dem Tierpfleger im Elefantengehege verabredet. Ich spielte wieder den Schaffner und ließ diesmal unsere kleine Lok zwischen Kamera und einem riesigen Elefanten abfahren. Der friedliche Bulle kam langsam näher, beäugte den Fremdkörper, schnupperte neugierig dem Spielzeug hinterher, packte es schließlich mit seinem Rüssel und warf das Lokomotivlein mit mächtigen Schwung weit hinter sich ins »Nirgendwo« des Dickhäuterreviers, wo es seitlich mit drehenden Rädchen liegen blieb. Wir klatschten Beifall, schenkten dem Elefanten einen Apfel als Honorar für seinen eindrucksvollen Auftritt und holten die etwas verbeulte Lokomotive zurück. Sie funktionierte noch immer, Märklin-Qualität, die den traditionsreichen schwäbischen Hersteller Jahre später dennoch nicht vor schweren Zeiten der Globalisierung bewahren konnte.

Schon fuhren wir zum dritten und letzten »Nirgendwo«-Drehort, eine Straßenbaustelle in der Bopserwaldstraße. Dort war, rumpelnd und stinkend, eine riesige Straßenwalze im Einsatz. Mit dem Fahrer verabredete ich, dass er auf mein Schaffnerkommando vor der Kamera abfahren sollte. Wir setzten unsere Lok in den dampfenden Straßenbelag einige Meter vor die Walze und ließen quer zu deren Fahrtrichtung die kleine Märklin losrattern. Ich hob meine Kelle, mit lautem Fauchen rollte das Ungeheuer heran und begrub unseren ratternden Hauptdarsteller mit metallischem Knirschen erbarmungslos unter der tonnenschweren Walze. Sie donnerte weiter und hinterließ die Lokomotive nur noch als unförmiges, plattes Blechstück hinter sich auf dem stinkenden Asphalt, Endstation im »Nirgendwo«, Kamera aus, Drehschluss. Die nun zweidimensionale Märklin nahm ich als Andenken mit.

Aus diesen drei Takes montierte ich am Schneidetisch den Clip zur wehmütigen Musik von Christian Anders. Nach der Sendung in der »Hitparade« hatten die Eisenbahnfreunde unter den Zuschauern wieder etwas zum Kritisieren, weil ein schmuckes Museumsstück brutal zu Schrott gemacht wurde. Mein etwas schlechtes Gewissen gegenüber den zahlreichen Eisenbahnfans unter den Zuschauern habe ich später mehr als erleichtert. Ich gab die Serie »Abenteuer Eisenbahn« in Auftrag mit Filmen über die schönsten Bahnlinien, die Roman Brodmann, einer unserer besten Filmemacher, realisierte. Seine Reportagen über den Glacier-Express in der Schweiz, den Trans-Korsika quer durch die Mittelmeerinsel, den Blue Train in Südafrika, den Lappland-Pfeil durch Skandinavien und anderes wurden ein Programmerfolg. Danach wurde unsere Reihe »Eisenbahnromantik« mit Hagen von Ortloff über viele Jahre ein Fernsehklassiker für historische und exotische Züge nach irgendwo auf der Welt und das bis zum heutigen Tag – mehr als eine Wiedergutmachung für meinen »Zug nach nirgendwo«.

Vielleicht waren sowohl der destruktive Umgang mit jener Hitparaden-Lokomotive als auch mein kreatives Programminteresse an Eisenbahnen biografisch begründet in einem Kindertraum, der zu einem Kinderalptraum wurde. Wie mir meine Eltern später erzählten, gab es für mich schon als ganz kleinem Jungen einen Traumberuf, ich wollte später einmal Lokomotivführer werden. Eines der ersten Worte, das ich nach dem üblichen Mama, Oma, Papa und Opa sprechen konnte, hieß »Logomolediv«, das sagte ich wohl immer, wenn ich meine kleine hölzerne Spielzeuglokomotive auf dem Boden hin und her schob. Später schenkten mir meine Eltern zu Weihnachten eine Märklin-Eisenbahn, mit einer mechanischen Lokomotive zum Aufziehen und drei kleinen Waggons in verschiedenen Farben, dazu ein Signal und mehrere Gleisstücke, die man zu einem Oval zusammenstecken konnte. An Heiligabend kreiste diese Kleinbahn um den Christbaum herum, Papa musste sie wieder und wieder in Gang setzen. Ich lag auf Augenhöhe mit dem Züglein auf dem Teppich und folgte voller Entzücken seiner holprigen Fahrt. Leider durfte ich nicht selbst damit spielen, weil ich angeblich dafür noch zu klein war und vielleicht den kleinen Motor beim Aufziehen überdrehen würde. Deshalb lag mein Kindertraum noch lange, im Originalkarton verpackt, für mich unerreichbar aufbewahrt oben auf dem Kleiderschrank im Kinderzimmer. Sehnsüchtig habe ich gewartet, bis ich endlich die kleine Lokomotive aufziehen und auf die Gleise setzten dürfte. Doch dann nahte das Kriegsende, französische Soldaten besetzten unser Dorf, beschlagnahmten sofort die attraktive elterliche Wohnung und plünderten sie aus. Weg war auch meine kleine, von mir noch immer unbenutzte Spielzeugeisenbahn auf Nimmerwiedersehen, auch »ein Zug nach nirgendwo«, wohl nach Frankreich, wohin sie vermutlich ein Besatzungssoldat per Feldpost seinem kleinen Sohn geschickt hat, eine schmerzhafte kindliche Reparationsleistung an den ehemaligen Erbfeind.

Stammheim

Kein Tag wie jeder andere in Stuttgart, jener 21. Mai 1975. Schlagzeilen in allen Zeitungen, Thema in den Rundfunk- und Fernsehprogrammen, der erste von insgesamt 192 Verhandlungstagen im Baader-Meinhof-Prozess. Draußen, im Stadtteil Stammheim, Beginn der juristischen Abrechnung mit kriminellen Taten und Aktionen der RAF. Über jenes sensible juristische Ereignis sollte ich als freier Mitarbeiter und Ex-68er mit juristischem Staatsexamen für das Fernsehen, für die regionale »Abendschau« des SDR und auch die »Tagesschau« in Hamburg berichten.

An jenem Tag fuhr ich frühmorgens mit meinem Fernsehteam und sehr gemischten Gefühlen hinaus nach Stammheim. Überall war Polizei auf den Straßen, als wir schließlich auf den Parkplatz vor dem neuen Mehrzweckgebäude ankamen. Neben der Justizvollzugsanstalt in der Aspergerstraße 60 war es extra für den RAF-Prozess errichtet und gerade rechtzeitig fertig geworden. Draußen, vor dem übermannshohen Sicherheitszaun, herrschte bereits aufgebrachte Stimmung. Zahlreiche Prozessbesucher warteten und wollten die Angeklagten Andreas Baader, Ulrike Meinhof, Gudrun Ensslin und Jan Carl Raspe am ersten Verhandlungstag live erleben.

Schmährufe wurden laut gegen die mutmaßlichen Terroristen, »aufhängen«, »totschlagen« und ähnlich aggressive Unmutsäußerungen. Aber auch Gesinnungsgenossen der Angeklagten waren mit ihren politischen Parolen nicht zu überhören, dazwischen das Sprachkauderwelsch der internationalen Journaille, Rufen und Winken von Insassen aus den vergitterten Fenstern der Vollzugsanstalt nebenan. Uniformierte Sicherheitskräfte patrouillierten nervös mit entsicherten MPs zu Fuß und auf Polizeipferden vor dem rundum bewachten, mit Kameras bestückten Prozessgebäude, ein Hubschrauber kreiste ständig, bedrohlich knatternd, in geringer Höhe über dem Gelände. Diese unheimliche Stimmung dokumentierten wir mit Kamera und Mikrofon – Stammheim im weltweiten Medieninteresse.

Mit Akkreditierung und Südfunk-Dienstausweis passierte ich mit vielen anderen Pressevertretern schließlich nach langem Warten die peinlichst genaue Personenkontrolle und bekam Einlass in das Prozessgebäude. Dabei registrierte ich kritische Blicke und abfällige Bemerkungen des Wachpersonals über meine Erscheinung, schulterlange Haare, Schnauzbart, lange Koteletten, bunter Seidenschal, Wolfspelzmantel bis zu den Knöcheln, Schlaghosen, Schuhe mit modischen Plateausohlen, »those were the days my friend«. Mein Fernsehteam musste sich draußen die Zeit mit Kartenspielen vertreiben, Film- und Tonaufnahmen waren weder im Gerichtssaal noch im Foyer erlaubt. Mit deutlicher Verspätung konnte die Hauptverhandlung endlich beginnen.

Die Organe der Rechtspflege, Richter des Strafsenats, Vertreter der Bundesanwaltschaft, Wahl- und Pflichtverteidiger nahmen vor riesigen Regalen an der Rückwand mit unzähligen Prozessaktenordnern Platz. Buhrufe und Beifall ertönten im Gerichtssaal, als die Angeklagten in Handschellen aus dem Hochsicherheitstrakt vorgeführt wurden und sich lautstark und ungebührlich zu Wort meldeten. Der Vorsitzende Richter Prinzing drohte mit Ausschluss der Angeklagten und der Öffentlichkeit. Es folgten erste Befangenheitsanträge aus der Reihe der Verteidiger, ordnungswidrige Zwischenrufe von Sympathisanten, Beleidigungen aus der Bank der Angeklagten. Insgesamt war es ein hektischer Prozessbeginn.

Schließlich wurde die Hauptverhandlung vertagt und die Sitzung geschlossen. Ich eilte nach draußen und stellte mich am Stacheldrahtzaun vor die Kamera für meinen »Aufsager«, 60 Sekunden über den ersten Prozesstag für die aktuellen Fernsehnachrichten. Etwas nervös war ich schon, immerhin war es mein erster Auftritt in der Hauptausgabe der »Tagesschau« im Ersten Programm.

Das Statement war rasch im Kasten, die Kamera abgebaut und dann ging es nichts wie zurück zum Sender. Damals musste das belichtete 16 mm-Filmmaterial noch zeitaufwändig entwickelt, getrocknet, das Tonband synchron angelegt, geschnitten, getextet und vom Redaktionsleiter abgenommen werden. In letzter Minute wurde der fertige Beitrag nach Hamburg zur »Tagesschau« überspielt und sogar als Aufmacher in der 20.00 Uhr-Ausgabe gesendet. Meine journalistische ARD-Premiere haben wir im Fernseh-Casino bis in den späten Abend kollegial begossen.

Mit zwei Aspirin plus, die mir eine verständnisvolle Sekretärin gegen meinen Katzenjammer zugesteckt hatte, erschien ich am nächsten Morgen pünktlich um 10.00 Uhr zur täglichen Redaktionssitzung der »Abendschau«. Bevor die Sendung vom Vortag wie üblich diskutiert und kritisiert wurde, nahm mich Redaktionsleiter Ulrich Kienzle beiseite und sagte mit süffisanter Miene, eben habe die »Tagesschau« angerufen wegen des gestrigen Stammheim-Beitrages »von einem gewissen Manfred Naegele«. Aufgebracht und ziemlich hanseatisch arrogant habe der Hamburger Kollege gefragt: »Was habt ihr denn da für einen Typen in Stammheim vor die Kamera gelassen, der sah aus wie ein Zuhälter im Rotlichtviertel und schwäbelte auch noch in seinem Statement, so etwas wollen wir bitteschön in einem seriösen journalistischen Beitrag nicht mehr sehen, danke«. Ein vernichtendes Urteil über meinen TV-Premieren-Auftritt beim RAF-Prozess, offenbar ein schlimmer Fauxpas gegen die Kleiderordnung der ARD, Anzug und Krawatte wären korrekt gewesen. Meine »Abendschau«-Kollegen grinsten solidarisch und klopften mir ermunternd auf die Schulter. Dann ging man zur Tagesordnung über und plante die nächste Sendung.

Trotz der Rüge aus dem ARD-Nachrichten-Flaggschiff in Hamburg durfte ich, allerdings etwas seriöser gekleidet, weiter auch für die »Tagesschau« über Stammheim berichten, über Hungerstreik gegen Isolationsfolter, über den Selbstmord von Ulrike Meinhof, künstliche Ernährung, Kontaktsperre und anderes.

Ein denkwürdiges Ereignis war der Besuch des französischen Philosophen Jean-Paul Sartre auf Einladung von Rechtsanwalt Claus Croissant. Seine Stuttgarter Kanzlei, in der ich Jahre zuvor einige Wochen als Rechtsreferendar gearbeitet hatte, war während des Prozesses Treffpunkt mehrerer Verteidiger. Croissant hatte Sartre gerufen, um sich mit seiner prominenten Stimme für die RAF-Häftlinge und gegen ihre angeblich unwürdigen Haftbedingungen zu solidarisieren. Ich durfte ihn zusammen mit Croissant am Flughafen in Echterdingen abholen. Zwar konnten wir den Besucher aus Frankreich mit der Kamera bis zur Vollzugsanstalt begleiten, jedoch leider kein Interview für das Fernsehen machen. So saß ich auf der Fahrt Jean Paul Sartre im Mini-Bus nur stumm in nächster Nähe gegenüber und hatte Mühe, auf gleicher Höhe seiner etwas ausgefallenen Augenstellung unbefangen zu begegnen. Erst auf der Pressekonferenz, nach Sartres Gespräch mit Andreas Baader in einer nüchternen Besucherzelle, durfte Sartre mit O-Ton gedreht werden. Eine eher peinliche Veranstaltung, weil der Philosoph dafür über die angeblich unerträglichen Haftbedingungen durch Croissant bewusst falsch und dramatisierend unterrichtet worden war.

Nach dem rätselhaften Tod der bereits zu lebenslänglichen Freiheitsstrafen verurteilten RAF-Gefangenen in der »Nacht von Mogadischu« konnte ihre Beisetzung nur mit massivem Polizeiaufgebot stattfinden. Der damalige Oberbürgermeister Manfred Rommel höchstpersönlich hat die letzte Ehre der Toten auf dem städtischen Dornhalden-Friedhof gegen Proteste in der Bevölkerung, vor allem in seiner eigenen Partei, genehmigt. Rommels honoriges Argument lautete: »mit dem Tod hört alle Feindschaft auf«. Nach dem anschließenden Leichenschmaus für die Angehörigen und engsten Vertrauten im Nobelrestaurant »Fässle« in Degerloch sind dort mache Stuttgarter Stammgäste aus ideologischen Gründen ferngeblieben.

Wie man später erfahren konnte, sind von Andreas Baader, Gudrun Ensslin und Jan-Carl Raspe Totenmasken abgenommen und von einem Künstler nachgebildet worden. Sie werden im Stuttgarter »Haus der Geschichte« für die Nachwelt archiviert, dürfen jedoch nur temporär und nicht in einer Dauerausstellung öffentlich gezeigt werden.

Oberbürgermeister Manfred Rommel hatte sich bereits zu

Lebzeiten der RAF-Gefangenen in Stuttgart-Stammheim als souveränes Stadtoberhaupt gezeigt. Am Schwarzen Brett im Kleinen Haus der Württembergischen Staatstheater hing eines Tages ein Spendenaufruf für die in Stammheim einsitzende Gudrun Ensslin, um für sie eine erforderliche Zahnbehandlung zu finanzieren. Eigentlich war es weniger ein Aufruf als ein Hinweis, dass und wie gespendet werden konnte. Dennoch, als dies bekannt wurde, gab es kritische Reaktionen in Stuttgart. Der Schauspieldirektor Claus Peymann als Hausherr des Theaters wurde deswegen, obwohl jener kleine Zettel gar nicht von ihm geschrieben war, vor allem in CDU-Kreisen, in denen auch seine progressive Theaterarbeit mit politischen Akzenten nicht sonderlich goutiert wurde, heftig angegriffen. Er sollte, wie in gewöhnlich gut unterrichteten Kreisen gemunkelt wurde, auf Betreiben des Staatsministeriums sogar geschasst werden.

Ich berichtete aktuell in der »Abendschau« an einem Samstag über den sogenannten Spendenskandal. Aus dem »Stami« konnte oder wollte sich an jenem Tag dazu niemand äußern, doch Oberbürgermeister Rommel bekam ich vor die Kamera, er versuchte, die Wogen zu glätten. Als Repräsentant der Landeshauptstadt im Verwaltungsrat der Staatstheater soll er die Kündigung Peymanns wegen der Bagatelle des Spendenzettels mit verhindert haben. Ein Statement für die Kultur seiner Stadt. Peymanns Stuttgarter Theaterarbeit, nicht zuletzt seine legendären *Faust I*- und *Faust II*-Inszenierungen, hatte damals immerhin internationalen Ruf. Ob diese marginale Staatstheater-Affäre auch mit ein Motiv war, dass Claus Peymann später nach Bochum wechselte und dort, wie auch danach am Burgtheater in Wien und zuletzt in Berlin, seine erfolgreiche Theaterarbeit fortsetzte?

Die Kunst-Kippe auf der documenta

Alle paar Jahre wieder ein absoluter Pflichttermin für Kulturjournalisten ist bis heute die documenta, das mondiale Spektrum und Spektakel aktueller Kunst. Für einige Monate ist Kassel Wallfahrtsort für die Kunstwelt, Maler, Bildhauer, Installationskünstler, Sammler, Galeristen, Auktionshäuser, Kritiker, Kunsthistoriker und ganz gewöhnliche Kunstfreunde aus aller Welt. Was Cannes, Venedig oder Berlin für die Filmemacher, Mailand und Paris für die Modedesigner, ist Venedig mit der »Biennale« und Kassel mit der documenta für die Künstler: eine Ehre dorthin eingeladen und ausgestellt zu werden.

Als Ressortleiter für die Kultur in der »Abendschau« fuhr ich 1977 mit meinem Fernsehteam nach Nordhessen, um auf der documenta 6 einen Beitrag für unser Journal zu drehen. Eigentlich sollte ich über jene Künstler berichten, die aus unserem Sendegebiet mit ihrer Arbeit dort vertreten waren. Viel mehr interessierte mich jedoch ein Künstler ohne Bezug zu Baden-Württemberg, Joseph Beuys. Er war nicht prominent mit seinen Lieblingsmaterialen Filz oder Fett vertreten, sondern spektakulär mit einer »Honigpumpe«, einer weitläufigen, sinnlich-süßen Installation mit vielen Litern echtem Bienensirup über mehrere Räume im Museum Fridericianum.

Dort bekam ich zum ersten Mal den Kunstguru als Aktionskünstler und Schöpfer eines spektakulären Opus vor die Kamera. Ausgerechnet, als wir drehen wollten, hatte die elektrische Honigpumpe leider gerade einen Stromausfall, der sich jedoch mit Hilfe der Ausstellungsleitung und einer neuen Sicherung beheben ließ. Bereitwillig stapfte dann Professor Beuys unter seinem obligatorischen Hut in hohen Gummistiefeln durch den künstlichen Tümpel mit dem brodelnden zähen, gelben, honigsüß duftenden Saft, das Produkt von milliardenfachem Bienenfleiß mit Füßen tretend. Ich versuchte, den tieferen Sinn solcher »Antikunst« mit Worten und Gesten des Künstlers vor unserer Kamera verständlich zu machen. Für meinen einfachen Fernsehzuschauer waren es dennoch ziemlich kryptische Interviewsentenzen in niederrheinischem Akzent, aber ein Kunstwerk spricht ja bekanntlich für sich.

Danach zog ich mit meinem Fernsehteam weiter durch das weitläufige documenta-Gelände, um auftragsgemäß auch unsere regionalen Künstler zu dokumentieren. Etwas erschöpft standen wir schließlich in einem der Ausstellungssäle zwischen allerlei zwei- und dreidimensionaler Kunst aller Stilrichtungen vor einer schmalen, etwa meterhohen, quadratischen, mattweiß lackierten, hölzernen Stele, ca. 30 mal 30 Zentimeter Durchmesser, auf der jedoch kein Exponat zu sehen war. Vielleicht war ein dort vorgesehenes Kunstwerk aus irgendeinem fernen Land noch nicht rechtzeitig in Kassel angekommen, oder es war samt Beschriftung von einem Kunstliebhaber bereits entwendet worden. Vielleicht sollte mit dem leeren Podest auch nur ganz einfach unpathetisch und anonym das Nichts dargestellt werden.

Bei diesen Überlegungen fiel mir plötzlich auf dem Boden

direkt vor der nackten weißen Säule eine weggeworfene Zigarettenkippe auf, das Nichtrauchen war damals selbst in solch heiligen Hallen noch nicht so selbstverständlich wie heute. Weiß der Kuckuck, was mich dazu bewegte, ich hob den Zigarettenstummel auf und stellte ihn unbeobachtet, mit dem Filter nach unten, vorsichtig mitten auf die schmale, leere Säule und legte dazu noch einen unbenutzten Glimmstengel aus meiner eigenen Zigarettenpackung etwas schräg daneben.

Wir stellten uns in einiger Entfernung hinter die Kamera und warteten ab. Schon kamen erste Ausstellungsbesucher auch zu meiner spontanen Mini-Installation, betrachteten die kuriose »smoke-art« neugierig von allen Seiten, nickten bedeutungsvoll, andere schüttelten etwas ratlos den Kopf. Offenbar wurde das kleine Nikotinensemble tatsächlich als Kunstobjekt wahr- und ernst genommen, vielleicht als kreative Kritik gegen schädlichen Tabakgenuss oder gar als pessimistisches Symbol für Vergänglichkeit. Eigentlich ein doppelter Kunstfrevel dieses profane Produkt, auf einer documenta in Kassel, wo nur ausgestellt werden darf, was von dem Projektleiter zuvor weltweit dafür ausgewählt wurde, damals übrigens von Manfred Schneckenburger, ein Ritterschlag in der Kunstwelt, der den Verkaufs-, Sammler- und Auktionswert dieser Künstler nachhaltig promoviert.

Jedenfalls dokumentierten wir diese Szene mit der Kamera und freuten uns diebisch über den gelungenen spontanen Beitrag zur documenta, der sogar noch einen, wenn auch fragwürdigen Bezug zum badischen Teil des Tabakländles Baden-Württemberg hatte. Danach packten wir zusammen und fuhren zurück nach Stuttgart. Unterwegs las ich in dem Buch des angesagten Galeristen Hans-Jürgen Müller, das damals Furore machte, *Kunst kommt nicht von Können*, mit einem Vorwort von Herbert Marcuse über das Ende der Kunst, über die Schwierigkeiten beim Umgang mit zeitgenössischer Kunst. Ich konnte mir ein Schmunzeln nicht verkneifen. Auf die mitgebrachte documenta-Reportage anderntags in der »Abendschau« gab es jedenfalls keine kunstkritische Reaktion. Wie lange wohl meine artifizielle Kunst-Kippe die documenta bereichert hat? Jahre später ist ein von dem zitierten Galeristen Hans-Jürgen Müller in Eigeninitiative errichteter Kunstpavillon während einer documenta in Kassel abgebrannt – oder vielleicht auch abgefackelt worden.

Nach dem documenta-Besuch mit vielen künstlerischen Eindrücken und Anregungen hat jene Kunst-Kippe den notorischen Kettenraucher und gelegentlichen Freizeitmaler in mir zu einem eigenen makabren Bild inspiriert, ein Friedhofmotiv. Statt der üblichen Grabmäler aus Stein, Holz oder Metall malte ich in einer Reihe nebeneinander originalgetreu riesige Zigarettenschachteln der gängigen Marken, mit und ohne Filter, als letzte Erinnerung an verstorbene Raucher, noch viele Jahre vor den verordneten Aufschriften wie »Rauchen kann tödlich sein«. Vorne auf jedes der Gräber pinselte ich eine kleine Weihwasserschale als Aschenbecher mit glimmenden Zigaretten, von denen dichter Qualm aufstieg, der sich am Himmel hinter einem bunten Regenbogen zu einer bedrohlichen Wolke verdichtete. Neben das letzte Grab am linken Bildrand malte ich unseren kleinen Hund Porco, sitzend mit traurigen Augen und einer rauchenden Zigarette im Pudelmäulchen. Leider hat auch das Memento mori des Bildes mich nicht zum Nichtraucher gemacht, und ich lese heute immer wieder mit schlechtem Gewissen die Warnung auf der Packung »Rauchen fügt Ihnen und den Menschen in Ihrer

Umgebung erheblichen Schaden zu«. Den hohen Ansprüchen einer documenta hätte mein kleines Amateurgemälde sicher auch nicht genügt.

Der Südsee-Sarg

Eine angenehme Bereicherung des Fernsehalltags waren für mich immer wieder interessante Begegnungen mit Künstlern, berühmten, erfolgreichen, aber auch bescheidenen, verkannten und oft verarmten Malern, Bildhauern, Fotografen, Musikern, Filmemachern. Viele haben wir für unsere Zuschauer porträtiert in Fernsehreihen wie »Künstler im Südwesten« oder Rudij Bergmanns Reihe »Ein Künstler, der bekannter sein sollte«.

Eines schönen Tages meldete sich der Stuttgarter Künstler Martin Hudelmaier in der Redaktion und ließ mich euphorisch wissen, dass ihn der prominente Schriftsteller, Verleger und Kunstsammler Lothar-Günther Buchheim mit einem originellen Thema beauftragt habe, eine Ehre für den Künstler und die Aussicht auf ein stattliches Honorar, das er dringend gebrauchen konnte. Hudelmaier sollte für den legendären U-Boot-Fahrer des Zweiten Weltkriegs mit künstlerischer Phantasie einen Sarg gestalten.

Hudelmaier gelang das wohl originellste Gefährt für eine letzte Reise in die Tiefe der Erde und dennoch ein stimmungsvolles Todessymbol. Er bemalte dafür einen schlichten Holzsarg rundum mit bunten Südsee-Motiven, mit Palmen, Blumen und exotischen, barbusigen Schönheiten, eine traumhafte Idylle für ein eigentlich tristes Objekt. Links und rechts auf den schrägen Seitenwänden des Sargdeckels hatte er jeweils ein großes, gläsernes Bullauge in einem metallenen Rahmen eingesetzt, vielleicht auch um die Klaustrophobie einer Sargenge auf der letzten Reise in die Ewigkeit assoziativ zu mildern.

Als der Künstler sein phantasievolles U-Boot-Objekt dem kunstversessenen Auftraggeber und Autor des verfilmten Kriegsromans *Das Boot* präsentierte, fand Hudelmaiers Arbeit durchaus das Wohlgefallen des ambitionierten Sammlers. Doch dieser wollte das Kunstwerk nicht adäquat, wenn überhaupt, honorieren. Buchheim war für seine diesbezügliche Engherzigkeit in Künstlerkreisen berüchtigt, »Geizkragen« und »Schmarotzer« hat ein Maler ihn einmal beschimpft. Buchheim glaubte wohl, es sei der Ehre genug, als Künstler in seiner Sammlung vertreten zu sein, zum Mäzen war er nicht geboren. Ein später Trost mag für manchen Künstler der öffentliche Verbleib seiner Arbeit in Buchheims Sammlung in seinem späteren Museum in Feldafing am Starnbergersee sein.

Ich hatte Buchheims sprichwörtliche Sparsamkeit auch einmal an einem kleinen Beispiel erlebt. Vor einer Fernsehaufzeichnung saß er mit mir zu einem Vorgespräch im Casino beim Tee. Als Buchheims Kännchen leer war, bestellte er sich heißes Wasser und brühte den verbrauchten Teebeutel noch einmal auf, das sei billiger als nachzubestellen, erklärte er mit verschmitztem Lächeln und hob die Tasse. Ich sagte ihm, er sei eingeladen. Da trank er genüsslich einen frischen Tee, sei's drum, de mortuis nihil nisi bene.

Hudelmaier war nach Buchheims Honorarverweigerung enttäuscht und verärgert. Er reiste mit seinem unverkauften Sarg zurück nach Stuttgart und deponierte ihn in seinem Atelier.

Dort verabredeten wir uns, und er erzählte mir, hinter seinem verschmähten, doch sehr telegenen Objekt stehend, diese bittere Erfahrung in die Kamera – Künstlerpech. Nach den Dreharbeiten schenkte er mir, mit Widmung, noch ein kleines, buntes Bildchen, ein künstlerischer Nachruf als Horoskop für Karl Marx, der unter einem Regenbogen auf einem Fahrrad strampelt, mit dem *Kapital* auf dem Gepäckträger. Es war unsere letzte Begegnung.

Einige Zeit später hörte man in der Szene munkeln, der Hudelmaier sei verschwunden, ohne Abschied, ohne jede Nachricht, niemand wisse etwas, weder in der Familie noch bei Kollegen und Freunden. Vermisstenanzeige wurde erstattet, die Kriminalpolizei ermittelte ohne Erfolg, in seinem Atelier, in der Wohnung, nirgends fand sich eine Spur. Erst nach einigen Wochen fand man ihn zufällig, versteckt im Keller seiner verwinkelten Altbauwohnung, bereits leicht mumifiziert, er hatte sich umgebracht.

Eigentlich war Hudelmaiers verschmähter Südsee-Sarg so etwas wie ein Prototyp für phantasievolles Ambiente für die Reise ins Jenseits. In England kamen später die »crazy coffins« in Mode, kostbare Phantasiesärge, die an Leben und Leidenschaften von Verstorbenen erinnern, ein Rolls-Royce-Modell aus lackiertem Holz für einen Autofreak, eine überdimensionale Gitarre für einen Jazzliebhaber oder ein riesiger Ballettschuh, mit weißer Seide überzogen, als letzte Bleibe für einen Tanzfetischisten.

Bei Hudelmaiers Beerdigung begegnete ich noch einmal seinem heiteren Südsee-Sarg auf dem Stuttgarter Pragfriedhof, aufgebahrt zwischen Blumengebinden und Kränzen für die Trauerfeier in der Aussegnungshalle, eine stimmungsvolle, wenn auch kuriose Szene, eher wie aus einem Kinofilm.

Beim Betrachten kam mir der Titel des Bildes eines Kollegen des toten Malers in Erinnerung: »Der Künstler ist der stellvertretend Leidende«. Während dann die ersten Takte der Trauermusik erklangen, dachte ich an den Satz des ebenfalls jung verstorbenen Komponisten Frédéric Chopin: »Das Beste, was es gibt, ist der Tod«.

Als ich mit diesen tristen Gedanken nach der Beerdigung zwischen den Gräberreihen im Pragfriedhof und danach gemächlich durch den Schlossgarten zurück zum Sender ging, erinnerte ich mich mit gemischten Gefühlen an eine fragwürdige Szene aus einer meiner vielen »Hitparaden«, sie wurde genau hier im Jahr 1974 gedreht. Dafür hatte ich mir ein menschliches Skelett organisiert und tanzte in Frack und Zylinder zur Schlagermelodie »Kennst du den traurigen Tango …« durch das Herbstlaub unter den alten Kastanienbäumen mit der Knochenfrau.

Das war geschmacklich doch ziemlich grenzwertig, auch wenn meine steife Tangopartnerin in dem Musikclip kein wirkliches menschliches Skelett war, sondern nur ein originalgetreues Anschauungsmodell aus Kunststoff für Medizinstudenten, also vergleichsweise keine postmortale und kommerzielle Zurschaustellung echter Gebeine wie Jahre später medienwirksam durch den Plastinator und etwas dubiosen Professor Gunther von Hagen. Am Tag des Abschieds von Martin Hudelmaier war jener Totentanz dennoch eine makabre Erinnerung unter den wunderbaren alten Bäumen des Schlossgartens, die viele Jahre später dem heftig umstrittenen Projekt Stuttgart 21 zum Opfer fallen sollten, was Bürgersinn und Politikerinteressen in ungeahnten Dimensionen dramatisch herausforderte.

Die traurigsten Beerdigungen in meinem beruflichen

Leben waren ein letztes Geleit für Kolleginnen und Kollegen aus dem eigenen Programmbereich »Kultur und Gesellschaft«. Mit manchen war ich auch freundschaftlich verbunden. Letzte Filme, die sie noch während ihrer schweren Krankheit gemacht hatten, meine Besuche bei ihnen zu Hause oder im Krankenhaus, tröstende Gespräche vor ihrem Tod, letzte Worte bei der Trauerfeier und am Grab – das waren die bittersten Stunden meiner Jahre beim Fernsehen. Eine langjährige, sehr geschätzte und auch attraktive Kollegin, Gisela Reich, habe ich über Monate begleitet, als sie in ihren besten Jahren nach mehreren Operationen in einem Hospiz an Krebs gestorben ist. Zu meiner großen Überraschung hat sie sich in einem handschriftlichen Testament für unsere gemeinsame berufliche und private Zeit bedankt und mich mit einem kleinen Bild des Malers Fritz Winter bedacht, den sie in einem ihrer kreativen Filme porträtiert hatte.

Der »Papst« und das Schweinderl

»Ihr Völker der Welt schaut auf diese Stadt!«, diesem historischen Appell vom 9. September 1948 des legendären Regierenden Bürgermeisters im Nachkriegs-Berlin, Ernst Reuter, bin ich viele Jahre später beruflich immer wieder gerne gefolgt. In die mit all den Facetten einer wechselvollen Geschichte lange geteilte ehemalige deutsche Hauptstadt, bevor sie nach Mauerfall und Wiedervereinigung gemeinsame Metropole werden sollte. Willkommene kulturelle Pflichttermine waren für mich in Berlin vor allem die Internationale Funkausstellung und alle Jahre wieder die Internationalen Filmfestspiele, die Berlinale, Preview der neuesten Kinoproduktionen, Defilee prominenter Leinwandgrößen auf dem roten Teppich. Weltstars und Hollywoodlegenden durfte ich hautnah begegnen, nachts tolle Partys feiern und schließlich die festliche Preisverleihung miterleben, die Übergabe der goldenen und silbernen Bären, das in der Filmszene weltweit begehrte Berliner Wappentier.

Für das Rahmenprogramm zu manchen jener internationalen Medienspektakel moderierte ich in den 80er-Jahren »Berlinale-Treffs« und andere Sendungen für das Fernsehen. Eine Talkshow vor Publikum ist mir in besonderer Erinnerung geblieben. Sie wurde live in den dritten Fernsehprogrammen von SFB und SDR aus dem »Hard-Rock-Café« in der Meinekestraße übertragen. Das Berliner Szenelokal, mit wundervollen Gitarren und musealen Postern prominenter Rocker an den Wänden, bot eine stimmungsvolle Kulisse für unsere Sendung über Literatur, Film und Fernsehen. Die Kneipe war brechend voll.

Als Zugpferd und Medienstar der Gesprächrunde war Marcel Reich-Ranicki eingeladen, langjähriger Literaturchef der *Frankfurter Allgemeinen Zeitung*, Juror des Ingeborg Bachmann-Preises, seit den Zeiten der Gruppe 47 der streitbare deutsche Literaturpapst. Man kannte den prominenten und einflussreichen Kritiker und Förderer der Literatur als einen Mann, der sich selbst gerne reden hört und in seiner wohlformulierten Wortkunst in markiger Sprache vor Kamera und Mikrofon kaum zu bremsen ist. Ich hatte mir für unsere Talk-Show etwas Ausgefallenes einfallen lassen, um die mitdiskutierenden Schriftsteller und Schauspieler einigermaßen paritätisch zu Wort kommen zu lassen. Zugegeben, es war eine Anleihe an den damals legendären Ratefuchs Robert Lembke, an seine beliebte TV-Serie »Was bin ich?«, das heitere Beruferaten mit dem »Schweinderl«. Er hatte im Studio ein Sparschweinchen vor sich auf seinem Tisch, das er auf entsprechende Fragen nach jeweils falschen Antworten für einen guten Zweck so lange mit Fünfmarkstücken fütterte, bis von seinem Rateteam der richtige Beruf des jeweiligen Gastes der Sendung gefunden wurde.

Im »Hard-Rock-Café« flammten die Scheinwerfer auf, der Aufnahmeleiter gab das Zeichen, wir waren auf Sendung. Ich stellte die Teilnehmer meiner Talkrunde der Reihe nach vor, charakterisierte jeden mit ein paar Sätzen, last not least

Marcel Reich-Ranicki als Meister des Wortes und scharfzüngigen Kenner und Kritiker der Literaturszene. Vor meiner ersten Frage stellte ich ein gläsernes Sparschwein à la Lembke vor mich auf den Tisch und stapelte daneben einen kleinen Turm aus Fünf-DM-Münzen. Mit Blick auf Marcel Reich-Ranicki erklärte ich den Sinn dieser Aktion.

Immer, wenn ich das Gefühl hätte, er möge mit seinen interessanten Ausführungen dennoch zu einem Ende kommen, um auch Antworten und Gegenmeinungen der übrigen Talkshow-Teilnehmer oder auch den Moderator einmal zu Wort kommen zu lassen, würde ich als Appell fünf DM in das Sparschwein fallen lassen und bat Herrn Reich-Ranicki um Verständnis. Eine solche Geste schien mir als Moderator unverfänglicher und diskreter, als Reich-Ranicki immer wieder zu unterbrechen oder ins Wort zu fallen. Der zu erwartende Inhalt des Sparschweins sollte einem bedürftigen Schriftsteller zugute kommen. Das Publikum quittierte mit Gelächter und Beifall diese süffisante Einleitung, doch von Seiten des Angesprochenen kam ein deutlich indignierter Blick, leises Murren und Achselzucken. Für einen Moment befürchtete ich, er könnte aufstehen und unter Protest entschwinden. Doch Gott sei Dank, kein Eklat, Reich-Ranicki, der Rolls Royce der Literaturkritiker blieb, wenn auch sichtlich missgelaunt, in unserer Runde sitzen.

Das Gespräch verlief dann trotzdem ganz munter, mal kritisch, mal launig, und immer wieder plumpste ein Geldstück in das Sparschweinchen, das sich langsam füllte. Bei jedem metallischen Klicken traf mich ein strafender Blick des Verursachers, ich lächelte zurück, immerhin, mein Trick funktionierte, es kamen über 100 DM zusammen.

Nach der Sendung durfte ich auf Kosten des SFB die Talkrunde zum Essen in ein Restaurant am Savigny-Platz einladen. Zu meiner Genugtuung nahm auch Marcel Reich-Ranicki teil, ich platzierte ihn mir gegenüber. Beim Reden, natürlich über Literatur, stellten wir fest, dass wir beide dasselbe Lieblingsgedicht haben, »Erinnerung an die Marie A.« von Bertolt Brecht. Marcel Reich-Ranicki konnte es sich jedoch nicht verkneifen, zwischen den Gängen des Menus bei einem Glas Rotwein nachzuhaken, meine »schweinische Methode« in gewählten Worten dezent zu kommentieren und als Plagiat in Frage zu stellen, Vergleichbares sei ihm noch nie zugemutet worden. Ich machte ein schuldbewusstes Gesicht und dachte, ein Kritiker bleibt eben ein Kritiker. Ich erhob mein Glas, wir schauten uns versöhnlich in die Augen, stießen an, tranken auf die gelungene Sendung und eine nächste Begegnung, »aber bitte ohne Schweinderl«, »versprochen«.

Begegnet bin ich ihm noch häufig, allerdings nur vor dem Bildschirm. Gegen Widersprüche von Moderatoren oder Diskutanten wirkte er noch lange zuweilen beinahe allergisch und für manchen gar rechthaberisch nach der Devise »Deutlichkeit ist die Höflichkeit der Kritiker«.

Im Jahr 2008 dann der Affront vor attraktiver Kulisse, prominenten Gästen und vielen Zuschauern vor dem Bildschirm. Marcel Reich-Ranicki lehnte den prominenten Deutschen Fernsehpreis für sein Lebenswerk in einer Lifesendung des ZDF als ihm nicht adäquat ab. Er betrachtete dies auch als Statement gegen die Qualität dieser Sendung und manch anderer Fernsehprogramme. Der sonst so launige Moderator Thomas Gottschalk war sichtlich geschockt.

Marcel Reich-Ranicki wollte in seinem hohen literaturpäpstlichen Alter die Welt etwas gelassener betrachten, eine Welt, die ihm, wie einst dem jüdischen Jungen im Warschauer

Ghetto, das Leben nicht immer leicht gemacht hat. Darüber schrieb er seine viel gelesene Biografie *Mein Leben.* Sie wurde 2004 auch aufwändig verfilmt.

An seinem 90. Geburtstag, am 6. Juni 2010, nahm der Jubilar noch einmal eine von vielen Würdigungen entgegen, die Ehrenmedaille der Ludwig-Börne-Stiftung in der Frankfurter Paulskirche mit Standing ovations, live übertragen im Fernsehen. Nach dem Grußwort der Oberbürgermeisterin der Goethestadt sang Harald Schmidt als Opening der hochmögenden Laudationes das vertonte Lieblingsgedicht des Preisträgers »Erinnerung an die Marie A.«

An jenem Tag im blauen Mond September
Still unter einem jungen Pflaumenbaum
Da hielt ich sie, die stille bleiche Liebe
In meinem Arm wie einen holden Traum.

Sichtlich gerührt bedankte sich Marcel Reich-Ranicki für den Festakt und resümierte seine Vita mit den Worten: »Ich habe getan, was mir im Leben Spaß macht«. Als der Abspann der bewegenden Sendung lief, wünschte ich als Fernsehzuschauer dem Jubilar ein stummes »ad multos annos« und trank einen Schluck auf ihn, wie damals in Berlin.

Unvergessen blieben mir seine markanten Auftritte im »Literarischen Quartett« des ZDF wie auch seine literarische und politische Auseinandersetzung mit Martin Walser, die für mich allerdings nicht nachvollziehbar war. Ich kenne und schätze Martin Walser seit über 50 Jahren und habe auch alle seine Romane gelesen. Er war übrigens der erste namhafte Schriftsteller, den ich vor Jahrzehnten persönlich kennen lernen durfte.

Lyrik war schon immer meine Lieblingsliteratur. Bereits als Schüler haben mich Gedichte verzaubert, viele habe ich auswendig gelernt und immer wieder habe ich auch selbst welche verfasst. Einige durfte ich einmal im Tettnanger Schloss, in einer Runde jugendlicher Hobbyliteraten vortragen. Damals war ich knapp 18 Jahre jung und machte noch meine Notariatsausbildung. Zu diesem oberschwäbischen Dichtertreffen hatten wir aus dem benachbarten Nussdorf am Bodensee den bereits namhaften Schriftsteller Martin Walser als Kritiker eingeladen, dessen Roman *Ehen in Philippsburg* gerade erschienen war.

Martin Walser kam tatsächlich zu uns hoffnungsvollen jugendlichen Dichterlingen nach Tettnang, setzte sich mit an den großen runden Tisch im Turmzimmer und hörte sich bei einer Tasse Tee interessiert unsere literarischen Elaborate an. Als ich, doch mit etwas Lampenfieber bei dieser literarischen Prominenz, meine gereimten Feierabendverse vorgetragen hatte, ließ sich Martin Walser das Blatt mit dem Gedicht »Abendstille« hinüberreichen. Er vertiefte sich noch einmal in meine Verse, während es um ihn mäuschenstill wurde. Dann sagte er doch tatsächlich: »Das hätte die Bachmann nicht besser geschrieben«, schob mir das Blatt wieder zu und erklärte sich spontan bereit, zu versuchen, einen Verleger für mich zu interessieren. Ich bedankte mich, etwas verlegen über den Vergleich mit Ingeborg Bachmann, mit der Bemerkung, dass ich, statt bei Versen und Reimen, wohl doch besser bei meinen Paragraphen bleiben sollte.

Für diesen unerwarteten Ritterschlag aus berufenem Mund konnte ich mich viele Jahre später beim Fernsehen in Stuttgart sozusagen revanchieren, als ich über Martin Walsers neue Romane, Erzählungen, Theaterstücke und Verfilmungen berichtete, über *Halbzeit*, *Das Einhorn* und einige andere Werke. Die Interviews mit ihm waren immer etwas Besonderes. Er artikulierte seine Gedanken in den Antworten auf meine Fragen nicht alltagssprachlich routiniert, vielmehr formulierte er spontan in einem feinsinnigen, literarischen Duktus in ausführlichen, verschachtelten Sätzen, druckreif. Vor seiner Schriftstellerkarriere gehörte übrigens Martin Walser in den frühen 50er-Jahren zu den Männern der ersten Stunde im Gründungsteam des Fernsehprogramms beim Süddeutschen Rundfunk.

50 Jahre nach unserer ersten Begegnung in Tettnang, zu seinem 70. Geburtstag, beauftragte ich die junge Kollegin Martina Zöllner mit einem großen Fernsehporträt über Martin Walser. Ihr gelang eine kluge, sensible Annäherung an den Autor: »Der Ich-Erzähler«. Bevor der Film ausgestrahlt wurde, kam Walser mit seinem Verleger nach Stuttgart in den SDR zu einer kritischen Vorbesichtigung des Porträts im Schneideraum. Gottlob, Martin Walser war sogar sehr angetan. Dieses Einvernehmen feierten wir anschließend gemeinsam mit einem vergnüglichen Abendessen im »Da Capo«.

Gelsomina

Zur Eröffnung der Internationalen Filmfestspiele 1986 wurde im Berliner Zoo-Palast Federico Fellinis Film *Ginger und Fred* mit Giulietta Masina und Marcello Mastroianni in den Titelrollen gezeigt. Am späten Abend war ich anschließend mit zahlreichen Ehrengästen zu einem festlichen Empfang mit den Hauptdarstellern und vielen Prominenten der Filmwelt ins Hotel »Interconti« eingeladen. Ich hatte mich chic gemacht, dunkler Anzug, weißes Hemd mit Manschettenknöpfen und, aus besonderem Anlass, eine Krawatte in den italienischen Nationalfarben.

Viele Jahre zuvor, 1956, war einer der ersten Spielfilme, die ich in meinem Leben privat und beruflich gesehen habe, *La strada* von Federico Fellini. Das war großes Kino im Lichtspieltheater der oberschwäbischen Kleinstadt Mengen, wo ich meine Kinder- und Jugendjahre verbrachte. Damals war ich 16 Jahre alt. Je länger ich auf die Leinwand schaute, desto mehr verzauberte mich die tragische Hauptdarstellerin Gelsomina als schüchterne, noch fast kindlich anmutende Assistentin des grobschlächtigen »Großen Zampano« Anthony Quinn. Sowohl die Rolle der Schauspielerin Giulietta Masina, als auch das zierliche, zauberhafte Wesen, das sie in *La strada* verkörperte, hatten mich derart fasziniert, dass ich, mit meinem knappen Taschengeld als Schüler, am nächsten Nachmittag heimlich noch einmal in eine *La strada*-Vorstellung schlich. Dafür schwänzte ich sogar den Musikunterricht am Progymnasium. Ich setzte mich in die Mitte der ersten Reihe und konnte mich kaum satt sehen an Gelsominas großen, traurigen Augen, ihren rührend linkischen Tanzbewegungen in den ihr viel zu weiten Klamotten, die sie tragen musste und die ein wenig an Charlie Chaplin erinnerten. Das traurige Schicksal eines Mädchens, das von ihrer Mutter verkauft wurde, die wehmütige Musik von Nino Rota und die arkadische Landschaft im mir noch fernen Italien taten ihr Übriges. Ich lebte für anderthalb Stunden in einer anderen Welt und fühlte mich jener Gelsomina ganz nahe. Eine richtige Freundin im wirklichen Leben hatte ich, mit einem strengen Oberlehrer als Vater gut katholisch erzogen, noch nicht.

Diese erste, jugendlich harmlose Leinwandliebe fiel damals in die Faschingszeit, im oberschwäbischen Mengen die Fasnet. Einige Tage nach meinem doppelten Kinobesuch fand im Gasthaus »Schwanen«, direkt neben dem Lichtspieltheater, abends der Lehrerball statt, den, wie alle Jahre wieder in der fünften Jahreszeit, die Lehrerinnen und Lehrer der städtischen Volksschule veranstalteten, darunter auch mein Vater. In jenem Jahr, als ich mit meinem älteren Bruder Dieter gerade die Tanzschule besuchte, durften wir zum ersten Mal unsere Eltern auf den Lehrerball begleiten. Mama hatte uns dafür als Räuber und Gendarm verkleidet. Der Räuber, mit abgetragener Jacke, schlotteriger Hose und einem aufgeklebten, südländischen Schnauzbart, war ich, mein Bruder dagegen der Gendarm in Polizeiuniform, ausgerüstet mit Wasserpistole und Bakelit-Handschelle aus dem Spielzeugladen. Natürlich waren wir beide erwartungsvoll aufgeregt, als wir an jenem frostigen Rosenmontag den mit Luftballons und bunten Girlanden geschmückten »Schwanen« betraten. In der Dunkelheit konnte ich noch einen Seitenblick erhaschen auf das große, beleuchtete Kinoplakat zu *La strada* mit meiner Gelsomina neben dem Kinoeingang.

Mein Vater war seinerzeit gut befreundet mit seinem Vorgesetzten, dem Schulrat im Oberschulamt in Saulgau, damals noch nicht die Bäderstadt Bad Saulgau. Papa hatte diesen Freund, samt Frau und Tochter, zum Lehrerball nach Mengen eingeladen. Mama bestellte für ihre zwei Buben Limonade, als Papas Gästetrio aus der Kreisstadt eintraf, die Schulratstochter, für den Kostümball verkleidet als – Gelsomina. Sie sah ihr zum Verwechseln ähnlich, jener Gelsomina im Film, die gleiche Frisur, die Kleider, die Schuhe, die Trompete, alles. Unglaublich, aber wahr, ich war sprachlos. Wir wurden einander vorgestellt, Gelsomina allerdings mit ihrem richtigen Namen Klothilde. Ich begegnete ihr an jenem Abend zum ersten Mal, sie war zwei Jahre älter als ich. Unsere Familien setzten sich gemeinsam an einen der mit Konfetti übersäten Tische, Klothilde neben mich. Es wurde feucht-fröhlich, mein Vater und sein Schulrat waren trinkfeste Pädagogen.

Von der Tischdame zu meiner Rechten, der femininen Personalunion von Klothilde und Gelsomina, war ich natürlich fasziniert und setzte meinen ganzen spätpubertären Charme ein, um sie auch für mich zu interessieren. Wir redeten über den Film *La strada*, den sie in der Kreisstadt bereits eine Woche vor mir gesehen hatte. Sie erzählte mir, dass Giulietta Masina seit Jahren mit Federico Fellini, dem Regisseur von *La strada* verheiratet, und dass ihre Mutter in Italien eine Lehrerin sei. Wegen meines wilden Aussehens im Räuberkostüm nannte mich meine Nachbarin an jenem Abend lächelnd »Zampano«, für mich war sie natürlich Gelsomina. Darauf stießen wir mit unseren Limonadengläsern an. Die jungen Lehrer brachten einige Sketche auf die Bühne, danach spielte die Band den Gästen zum Tanz auf.

Trotz meiner noch spärlichen Kenntnisse aus dem strengen Tanzunterricht bei Fräulein Lehleiter, wollte ich mit meiner Tischdame ein Tänzchen wagen. Um mir dafür etwas Mut anzutrinken, nahm ich unbeobachtet rasch einen kräftigen Schluck aus Mutters Sektglas. Der ungewohnte Alkohol brachte mich wohl auf folgende spontane Idee: ich ließ mir von meinem Bruder in Gendarmenuniform seine Handschellen geben, legte sie mit raschem Griff um Gelsominas Handgelenk und entführte sie damit auf die Tanzfläche. Nach einem höflichen »darf ich bitten« drehten wir zu einem langsamen Walzer, eng umschlungen, unsere Kreise, tanzten auch noch Tango und Foxtrott, bis die Musiker eine Pause einlegten.

Zurück am Tisch, bedankte ich mich bei meiner Partnerin mit einer Verbeugung und dem Kompliment, dass sie viel besser tanzen könne als ich. Am fortgeschrittenen Abend brachen Papas Gäste vorzeitig auf, sie wollten noch zurück nach Saulgau fahren. Ich begleitete Gelsomina Arm in Arm durch die Winternacht zum Auto, und auf meine Bitte hin flüsterte sie mir ihre Adresse zu. Zum Abschied spielte sie auf ihrer kleinen Trompete noch ein paar Takte der Titelmelodie aus *La strada* und gab mir einen warmen, feuchten Kuss auf den Mund. Es war mein erster Kuss von einem jungen Mädchen – ich war selig. Als sich unsere Familie nach Mitternacht auf den Heimweg machte, war am Kino die Beleuchtung des Filmplakates bereits abgeschaltet. In jener Nacht lag ich noch lange wach in meinem Bett.

Am nächsten Tag, nach der Schule, schrieb ich Klothilde mit grüner Tinte ein kleines Briefchen, bedankte mich für den zauberhaften Abend und bat Gelsomina mutig um ein Wiedersehen. Bald darauf rief Klothilde tatsächlich an, wir verabredeten ein Rendezvous am nächsten Sonntag bei Kaffee und Kuchen im noblen Hotel »Kleber-Post« in Saulgau. Mit der Hoffnung auf finanzielle Unterstützung, weihte ich die Mama in mein Vorhaben ein und bekam tatsächlich 15 DM zugesteckt, für Fahrgeld, ein Blumensträußchen, Kaffee und Kuchen mit Klothilde.

Frisch vom Frisör, fein säuberlich sonntäglich gekleidet, fuhr ich mit der Bahn zu meinem ersten Rendezvous ins »Kleber-Post« nach Saulgau. Bei aller Vorfreude war das Wiedersehen für mich dort doch etwas ernüchternd, der gefühlvolle Gelsomina-Zauber vom Lehrerball war verflogen. Geblieben war zwar das ganz nette Mädchen Klothilde, doch nicht so wirklich mein Typ und auch schon spürbar erwachsener als ich. Nach einer etwas bemühten Konversation über dies und das, bei einem Kännchen Kaffee und leckeren, warmen Fasnetsküchle, obwohl bereits Fastenzeit war, bezahlte ich die Rechnung und gab ein bescheidenes Trinkgeld. Dann begleitete mich Klothilde zum Bahnhof. Als der rote Schienenbus bei leichtem Schneetreiben auf Gleis 1 Richtung Mengen abfuhr, winkten wir uns noch einmal zu.

Es war der Beginn vom Ende einer kurzen Freundschaft, unser erstes und unser letztes Rendezvous, aus der Traum von Gelsomina und Zampano, wie auch in Fellinis Film. Geblieben ist nur die romantische Erinnerung an die Gelsomina auf dem Lehrerball. Als *La strada* im Lichtspieltheater in Mengen einem nächsten Film weichen musste, habe ich beim Kinobesitzer das abgelaufene Filmplakat erbeten und in meinem Zimmer aufgehängt.

Dreißig Jahre später nun, auf der Berlinale 1986, sah ich Giulietta Masina nicht nur auf der Leinwand wieder. Ich bekam sie auf dem Eröffnungsempfang sogar leibhaftig zu sehen. Sie war, auch jenseits ihrer 60 Jahre, noch immer eine zierliche, zauberhafte Persönlichkeit und erschien in einem eleganten Designerkleid.

Natürlich wurde »die Masina« beklatscht, umlagert und umschwärmt, Saalwächter konnten die stürmischen Bewunderer nur mühsam auf Distanz halten, keine Chance für mich, dem Star des Abends näher zu kommen. Mehr Glück hatte allerdings ein Fernsehreporter vom Sender Freies Berlin. Er durfte ein Interview mit ihr machen. Zum ersten Mal verspürte ich so etwas wie Kollegenneid. Zufällig kannte ich jedoch den beneideten Fernsehkollegen, heftete mich mit meiner Akkreditierung an seine Fersen und rückte meine italienische Krawatte zurecht. Als das SFB-Team drehbereit war, setzte sich »die Masina« elegant neben Marcello Mastroianni vor der Kamera in Pose, legte noch einmal Lippenstift auf und lächelte. Doch leider galt ihr gewinnendes Lächeln nicht mir, sondern – der Kamera.

Die Haschisch-Torte

Zu meinem 30. Geburtstag im Sternzeichen des Löwen lud ich die »Abendschau«-Kollegen in unsere kleine Zwei-Mann-WG im »Kemnater Hof« ein, eine moderne Hotelwohnanlage hinter Stuttgart-Sillenbuch auf freiem Feld mit einer von allerlei bunten Vögeln frequentierten Keller-Bar. Einen Mieter aus dem Stockwerk über uns hatte ich auch eingeladen, Rolf Wütherich. Er kam als erster Gast und gratulierte, obwohl ich erst um Mitternacht Geburtstag hatte. Er war ein seltsamer Zeitgenosse. Ich sah ihn nur manchmal, meist betrunken oder krakeelend spät abends unten in der etwas obskuren Keller-Bar des Hotels. Dort erfuhr ich auch von seiner abenteuerlichen Geschichte.

Etwa 20 Jahre zuvor hatte Rolf Wütherich ein trauriges Kapitel Filmgeschichte er- und überlebt. Der frühere Rallyefahrer saß als Werkmechaniker von Porsche neben dem Hollywoodstar und Jugendidol einer ganzen Generation James Dean in seinem Porsche Spyder, als dieser in Kalifornien bei Paso Robles am 30. September 1955 mit 24 Jahren tödlich verunglückte – ein Schock für die Filmwelt. Sein letzter Film, *Giganten* mit Elisabeth Taylor und Rock Hudson, kam erst nach seinem Tod in die Kinos. Ein Klassiker bis heute und einer meiner Lieblingsfilme ist mit James Dean als Cal *Jenseits von Eden* geblieben, ein Meisterwerk von Elia Kazan. Rolf Wütherich wurde bei jenem tragischen Unfall in Kalifornien aus dem Porsche geschleudert, er war nicht angeschnallt, erlitt einen komplizierten Kieferbruch und weitere schwere Verletzungen. Vermutlich hat auch seine Psyche einen Knacks bekommen, jedenfalls musste er sich deswegen später in entsprechende ärztliche Behandlung begeben.

Dieser Rolf Wütherich stand an jenem Geburtstag bereits mit der dritten Flasche Bier auf unserem kleinen Balkon, als die Fernsehkollegen nach ihrem Feierabend allmählich eintrudelten, Redaktionsleiter Ulrich Kienzle flott in seinem englischen Sportflitzer, einem Triumph TR 4. Da die spärlichen Quadratmeter unseres Zwei-Zimmer-Appartements für die etwa 20 Gäste der Geburtstagsparty nicht ausreichten, hatten wir mit Wütherichs Hilfe die Wohnungstüre ausgehängt, um den anschließenden Flur als kleine Partymeile zu integrieren. Dort war ein phantasievolles Büffet aus der Hotelküche mit reichlich Essen und Trinken aufgebaut. Daneben platzierte ich mein weißes BRAUN-Radio mit Plattenspieler, dieser »Schneewittchensarg« war damals Kult. Jeder der Gäste durfte sich aus meiner LP-Sammlung bedienen und sein eigener Disc-Jockey sein, ob mit Joan Baez, Maria Callas, Bob Dylan, »Hair«, Suzie Quatro, den Beatles, Rolling Stones …

Als Dessert spendierte der Küchenchef aus dem »Kemnater Hof« zum Geburtstag die Königin der Torten, eine selbst gebackene Schwarzwälder Kirschtorte. In seiner sahneweißen Kochmontur lieferte er sie pünktlich um Mitternacht zum obligatorischen »Happy birthday« an. Dieses Backwerk verfeinerte ich allerdings noch mit einer kriminellen, exotischen Zutat. Über die Schlagsahnedekoration mit einer ornamentalen »30« in der Mitte und zwischen die Kirschen und Schokoladenflocken streute ich zur Feier des Tages coram publico reichlich feine Haschischkrümelchen. Trotz dieser kulinarischen Majestätsbeleidigung der »Tortenkönigin« erntete ich für die krönende Applikation fröhlichen Applaus und förderte dann den Appetit meiner Geburtstagsgäste. Entsprechend hatte ich auch einen Schwäbischen Zwiebelkuchen verfeinert. Diese Partydroge, immerhin ein würziger »schwarzer Afghan«, hatte ich als Andenken an die längst verjährten Flower-Power-Zeiten und Studentenjahre mit Sex, Drugs and Rock'n Roll unangetastet in einer Keksdose aufbewahrt. Die Haschisch-Torte war natürlich der Hit des Abends, nicht ein Stückchen der wohlschmeckenden Pâtisserie blieb übrig.

Lange nach Mitternacht verabschiedeten sich die letzten Gäste, manche nahmen, promillebedingt, für den Heimweg ein Taxi, die noch Fahrtauglichen begleitete ich zum Hotelparkplatz, bedankte mich für die Geburtstagsgeschenke und wünschte gute Heimfahrt. Redaktionsleiter Ulrich Kienzle hatte sich bereits zuvor, etwas high vom Genuss des Haschischkuchens, hinter das Lenkrad seines flotten Cabrios gesetzt und war winkend mit quietschenden Reifen davongebraust. Mit meinem WG-Genossen Walter räumte ich die Partyreste zusammen. Als wir die auf dem Balkon abgestellte Wohnungstüre holten, um sie wieder einzuhängen, saß dahinter, zusammengekauert schlafend, eine leere Bierflasche in der Hand, Rolf Wütherich. Wir weckten den armen Kerl, schleppten ihn gemeinsam zum Fahrstuhl und verfrachteten ihn in seiner Wohnung aufs Bett, wo er seinen Rausch ausschlafen konnte. Uns blieb zur Erholung nur noch eine kurze Nacht, ich fühlte mich wirklich um ein Jahr gealtert.

Am andern Morgen war wieder nüchterner Alltag. Um

10 Uhr erschienen alle Geburtstagsgäste etwas unausgeschlafen zur Redaktionssitzung der »Abendschau«, nur einer fehlte, Redaktionsleiter Ulrich Kienzle. Bei Frau Rappenecker im Sekretariat klingelte das Telefon, ich wurde verlangt. »Kienzle«, meldete sich mit matter Stimme der Chef mit einer wahrhaft kapriziösen Geschichte. Er sei zwar nach der Geburtstagsfeier heil zu Hause angekommen, doch dann sei ihm ganz komisch geworden, und nun leide er seit Stunden an einer Dauererektion (er benutzte allerdings ein etwas unfeineres Wort), die sich auch durch Erfüllung seiner ehelichen Pflicht nicht besänftigen ließ. Schuld daran sei bestimmt das Aphrodisiakum meines Haschischkuchens, er habe immerhin drei Stücke davon genossen. In diesem unpässlichen Zustand könne er unmöglich zur Arbeit erscheinen. Er müsse einfach abwarten, bis sich seine gesteigerte Körperfunktion unterhalb der Gürtellinie normalisiert habe. Er sagte, ich möge doch seinen Stellvertreter bitten, die Redaktionssitzung zu leiten. Ich wünschte gute Besserung, verschwieg aber doch etwas schuldbewusst den Kollegen den wahren Grund der Unpässlichkeit des Redaktionsleiters. Am folgenden Tag war Uli Kienzle wieder voller beruflicher Tatkraft an Bord.

Mit dem seltsamen Geburtstagsgast Wütherich hatte ich später noch einmal einen denkwürdigen Kontakt. Mitten in der Nacht klingelte es Sturm an unserer WG-Wohnungstüre. Verschlafen stand ich auf und öffnete. Vor mir stand splitterfasernackt eine blonde junge Frau und bat aufgeregt um Einlass. Sie hatte Rolf Wütherich unten in der Bar getroffen und anschließend mit ihm die Nacht in seinem Bett verbringen wollen, doch er sei so betrunken und gewalttätig geworden, dass sie schließlich die Flucht ergriffen habe. Hilfsbereit bat ich sie herein, gab ihr meinen Bademantel, schenkte ihr einen

Whisky ein und gewährte der armen Frau Nachtasyl auf der Couch. Am nächsten Morgen tranken wir noch einen Kaffee zusammen. Ich gab dem unerwarteten Nachtgast fürsorglich Geleitschutz in Wütherichs Appartement, damit sie ungefährdet ihre Kleider und Handtasche abholen konnte. Die Wohnungstüre stand noch offen, Rolf Wütherich lag schnarchend im Bett und schlief weiter. Die Dame bedankte sich höflich und ging von dannen. Ich rätselte, ob sie in jener Nacht eventuell mit einem Liebeslohn gerechnet hatte, brutto für netto versteht sich, damals waren Gunstgewerblerinnen noch nicht lohnsteuerpflichtig.

Nach einiger Zeit verließ Rolf Wütherich den »Kemnater Hof« für immer. Wie ich später aus der Presse erfuhr, soll er mit einem Messer auf seine Ehefrau eingestochen haben. Man munkelte von Knast und Klapse, eine traurige Biografie jenseits von Eden im wirklichen Leben. Bei einem schweren Autounfall verunglückte er abermals, diesmal tödlich. Auf dem Bildschirm habe ich ihn, Jahre nach seinem Tod, noch einmal auf alten Aufnahmen aus besseren Tagen gesehen, in einem Filmporträt zusammen mit der tragischen Legende James Byron Dean. Sein Unfall-Porsche wurde übrigens sorgfältig restauriert, auf dem Transport nach Los Angeles wurde er dann, vermutlich von einem James-Dean-Fan, gestohlen und ist nie wieder aufgetaucht.

Auf Du und Du mit Dürrenmatt

1983 rief mich aus München die bekannte Schauspielerin und Filmemacherin Charlotte Kerr an. Sie erfragte einen Termin wegen eines Fernsehporträts, das sie über Friedrich Dürrenmatt machen wollte. Inzwischen war ich als Chef des Programmbereichs »Kultur und Gesellschaft« beim SDR-Fernsehen für ein solches Projekt zuständig. Zur Vorbereitung auf das Autorengespräch las ich nochmals Dürrenmatts Roman *Besuch der alten Dame*. Einige Tage später erschien eine sehr selbstbewusste Frau mittleren Alters, elegant gekleidet, mit ihrem ausführlichen Exposé für ein großes Fernsehporträt des berühmten Schweizer Schriftstellers. Er hatte die Filmemacherin bei einem gemeinsamen Besuch bei Maximilian Schell in München neugierig gemacht. Frau Kerr beschäftigte sich danach gründlich mit Dürrenmatt und vertrat nun sehr überzeugend ihr mitgebrachtes Filmkonzept. Nach längerer Diskussion betraute ich sie schließlich mit dem Auftrag – 90 Minuten über den Menschen und Künstler, seinen privaten und beruflichen Alltag. Dürrenmatt war damals gesundheitlich bereits stark angegriffen. Auf ärztlichen Rat sollte er nicht mehr auf der Schreibmaschine, sondern nur noch von Hand schreiben. Wer weiß, wie lange er für solche Dreharbeiten noch fit genug sein würde, dachte ich.

Nach einigen Monaten und diversen Telefonaten über den Fortschritt des Filmprojektes, Besichtigung und Erörterung des Rohschnitts in München, kam Charlotte Kerr mit dem fertigen Film zur Abnahme. Der Autorin war es eindrucksvoll gelungen, mit interessanten und amüsanten Facetten dem künstlerischen und intellektuellen Objekt ihrer filmischen Begierde durchaus gerecht zu werden. Es wurde ein mehrstündiges Opus maximum für ARTE und ein geschnittener Zweiteiler für die ARD mit dem kosmischen Titel »Porträt eines Planeten«.

Das Filmprojekt hatte überraschende Folgen. Während der Dreharbeiten waren sich die Filmemacherin und der Schriftsteller auch persönlich näher gekommen. Charlotte Kerr ließ mich eines Tages nicht ohne einen gewissen Stolz wissen, dass sie und Friedrich Dürrenmatt heiraten würden – 1984 eine Sensation in der Literaturszene. Dürrenmatt hatte ihr dazu in zittrigen Zeilen geschrieben:

Ich dichte dich um den Verstand
Dann reichst du mir deine Hand
Um meine Verse nicht mehr zu hören
Wirst du mir ewige Treue schwören
Mit Jamben und Trochäen
Gottverdammt
Schlepp ich dich
Zum Standesamt
Hau dir noch einen Hinkjambus hin
Dann hauchst du, ich werde Schweizerin

Mit meinem Filmauftrag hatte ich unvermutet eine glückliche

Ehe angebahnt, und unser damaliger Fernsehdirektor Hans Heiner Boelte wurde Trauzeuge.

Quasi als Hochzeitsgabe des Senders wurde Dürrenmatts letztes Theaterstück, *Achterloo*, mit seiner neuen Lebensgefährtin wieder als Schauspielerin, bei den Schwetzinger Festspielen in dem zauberhaften Rokoko-Theater unter der Regie des Autors uraufgeführt und im Fernsehen übertragen. Zur Premierenfeier im Schlossrestaurant spendierte Dürrenmatt eine mitgebrachte Fünf-Liter-Magnum-Flasche mit noblem Bordeaux. Er schenkte ihn den Schauspielern und dem Fernsehteam eigenhändig ein. Dürrenmatt blühte förmlich auf in Charlottes Nähe, sie managte fürsorglich bestimmt den künstlerischen und privaten Alltag des deutlich älteren, kränkelnden Ehegatten. Und so versuchte sie auch, ihn von seinem über alles geliebten Bordeaux-Wein fernzuhalten, von dem ihm seine Ärzte aus gesundheitlichen Gründen dringend abgeraten hatten.

Während der Theaterproben und bei der Uraufführung von *Achterloo* bin ich Friedrich Dürrenmatt mehrfach begegnet, wir haben uns auf Anhieb gut verstanden. Nach dem großen Erfolg des Stückes haben er und seine Frau mich zu sich nach Hause in die Schweiz zu einem gemeinsamen Abendessen gebeten. Gerne bin ich dieser Einladung gefolgt. Während sich Charlotte nach einem Begrüßungsschluck in die Küche verabschiedete, führte mich der Hausherr durch sein wundervolles Anwesen oberhalb von Neuchâtel mit Blick auf den Neuenburger See. Hinter dem fernen Horizont, drüben am Genfer See, ahnte man die steilen Weinterrassen mit edlen Lagen im Drei-Sonnen-Mikro-Klima, Pinot Noir, Chasselat und St. Saforin, von denen der Hausherr vollmundig schwärmte.

Bevor wir zu Tisch gebeten wurden, stieg Dürrenmatt mit mir vorsichtig die steile Kellertreppe hinab und offenbarte voller Stolz seinen großen Schatz: eine kostbare Weinsammlung, viele Dutzend Flaschen mit edelstem Bordeaux, fachmännisch bei stimmiger Temperatur und Luftfeuchtigkeit gelagert, Château Latour, Château Lafite, Château Margaux, Château Ausone. Der Weinliebhaber erklärte mir kundig die unterschiedlichen Jahrgänge, Sorten und Lagen. Das Wort Bordeaux betonte er schwyzerdütsch auf der ersten Silbe und sprach es sonor und innig aus wie eine Liebeserklärung, Bórdeaux. Diese kostbaren Bestände, zwei Camions Wein, hatte er einst bei dem alten Besitzer des Château Villemaurine für 10 000 Schweizer Franken erstanden.

Er wählte zwei besondere Jahrgangsflaschen Mouton Cadet aus dem Weingut von Baron Philippe de Rothschild für das Abendessen aus und betrachtete durch seine dicken Brillengläser andächtig die Etiketten. Schwerfällig stieg er wieder nach oben, ich durfte die kostbaren Bouteillen tragen. »Dürri«, wie ihn seine Freunde nannten, holte drei Rotweinpokale aus der Vitrine und verteilte sie zu den Gedecken auf dem Esstisch. Er entkorkte eine Flasche, schnupperte mit geschlossenen Augen an der Öffnung und dekantierte den edlen Tropfen.

Ich ging inzwischen auf die Toilette, um mir vor dem Essen die Hände zu waschen. Dort staunte ich nicht schlecht, dass dieses Kabinett über und über mit bunten, skurrilen Motiven und Figuren ausgemalt war, als hätten sie sich aus dem literarischen Kosmos des Hausherren hierher verirrt, wo er das Schreibzeug gegen Pinsel und Farbe getauscht hatte. Es dauerte daher etwas länger, bis ich wieder ins Esszimmer zurückkehrte.

»Joggeli«, wie er seine Charlotte liebevoll nannte, kam mit der Vorspeise aus der Küche. Als sie den Rotwein und die inzwischen dezent gefüllten Gläser auf dem Tisch stehen sah, schob sie mit fürsorglichem Griff das Glas von Dürrenmatts Platz beiseite. »Du sollst doch keinen Wein trinken, das weißt du doch, er bekommt dir nicht.« Ihr Mann lächelte verschmitzt über die wohlmeinende Bevormundung, holte sein Glas zurück und erklärte feierlich: »Ich habe dem Herrn Naegele soeben das ›Du‹ angeboten, und das muss mit einem Bordeaux begossen werden, damit es gilt und hält.« Ich war sehr überrascht und nickte amüsiert über die charmante List, mit der er sich seinen geliebten Bordeaux erschlich. »Dürri« stand auf, hob sein Glas und stieß mit mir an. Die feinen Pokale berührten sich mit sanftem Klang, und er sagte feierlich: »Ich heiße Fritz«. Ich verneigte mich und erwiderte: »Ich heiße Manfred«. Dabei blieb es, bis Friedrich Dürrenmatt starb. Als die Todesnachricht über dpa kam, kümmerte ich mich in der Redaktion sofort um einen entsprechend würdigen Nachruf auf einen der prominentesten Schweizer und meinen Duzfreund bei uns im Regionalprogramm und in der »Tagesschau«. Auch im heimatlichen Helvetien flocht die Nachwelt dem unbequemen Autor mehr Kränze als zu seinen Lebzeiten.

Als künstlerischen Nachruf auf ihren Mann gelang Witwe Charlotte für den Südfunk nochmals eine große filmische Dokumentation, »Dürrenmatt als Maler«. Er war eben nicht nur ein bedeutender Schriftsteller, er hat auch ein beachtliches Œuvre an Bildern und Zeichnungen hinterlassen. Die Motive sind häufig aus der griechischen Mythologie wie der Minotaurus, aber auch Figuren oder Szenerien aus seinem literarischen Schaffen. »Schreiben ist die Profession, Malen ist die Leidenschaft«, schrieb Charlotte Kerr nach seinem Tod in einem bewegenden Buch über ihre sieben gemeinsamen beruflichen und privaten Jahre: *Die Frau im roten Mantel.* Dürrenmatts Bilder und das grafische Werk sind heute in einem reizvollen Museum zu bewundern, das ihm seine Charlotte postum auf dem Dürrenmattschen Anwesen mit Hilfe von Schweizer Sponsoren errichten ließ, das »Centre Dürrenmatt Neuchâtel«, nach Plänen des Stararchitekten Mario Botta. Ein sehr privates Kunstwerk ist dort allerdings wohl nicht zu bewundern, die von Dürrenmatt ausgemalte Gästetoilette in seinem benachbarten einstigen Domizil.

Ein anderer Schweizer – er war in seinem ersten Beruf Architekt – hätte wohl auch ein attraktives Kunstmuseum entwerfen können, Max Frisch. Doch er wurde Schriftsteller und eine Literaturikone der Schweiz des vergangenen Jahrhunderts. Auch über ihn habe ich ein filmisches Altersporträt in Auftrag gegeben. Ein Eidgenosse, der sich neben seiner Literatur, Romanen wie *Andorra*, *Stiller* oder *Montauk*, politisch auf nationaler und internationaler Ebene immer wieder kritisch eingemischt hat. So auch nach der Ausstrahlung eines Films, den der Schweizer Roman Brodmann, einer der wichtigsten Dokumentarfilmer beim Stuttgarter Sender, für den SDR gemacht hatte. In seiner Reportage mit dem Titel »Der Traum vom Schlachten der heiligsten Kuh« beobachtete er die Aktivitäten einer Schweizer Bürger- und Friedensbewegung, die sich die Abschaffung der Schweizer Armee auf die Fahnen geschrieben hatte. Ein Sakrileg, ist die Schweizer Armee doch, weit über den militärischen Auftrag hinaus, in viele gesellschaftliche Kreise einflussreich verflochten.

Der Film konnte, damals noch terrestrisch, auch bis weit hinein in die benachbarte Schweiz gesehen werden und löste einen wahren Sturm der Entrüstung aus. Das Telefon der

Sendeleitung stand nicht still, Kritik kam selbst aus den höchsten Politikerkreisen diverser Kantone. Die anstößige TV-Dokumentation kam sogar auf die Tagesordnung der Schweizer Nationalversammlung. Bei mir als dem verantwortlichen Redakteur landeten tagelang, außer diversen dankbaren Zuschriften, mehrere Kartons, gefüllt mit aufgebrachter Zuschauerpost, so viel wie nie zuvor und nie wieder danach. Die Schweizer Armee im Filmtitel als »heiligste Kuh« zu etikettieren, war für viele Eidgenossen südlich von Bodensee und Rhein alleine schon Grund zur Aufregung, als Retourkutsche war von dort das Wort »Sauschwobe« zu hören und lesen.

Für eine journalistische Nachbearbeitung der Sendung befragte ich auch Max Frisch. Ich traf ihn in Zürich bei einem Mittagessen in seinem Lieblingslokal, der stimmungsvollen »Kronenhalle« mit exzellenter Küche, kostbaren Bildern an den Wänden und einer intimen Bar. Danach lud er mich, zusammen mit meinem Fernsehdirektor Hans Heiner Boelte, überraschend noch zu sich nach Hause ein. Es wurde bei Kaffee und Wein ein unvergesslicher Nachmittag mit Gesprächen auch jenseits des aktuellen Anlasses, über Gott und die Welt, das Leben, die Liebe und den Tod, der sowohl den Schriftsteller als auch den Menschen Max Frisch schon seit seinen jungen Jahren immer beschäftigt hat.

Der Kunstraub

Asterix und Obelix waren längst Weltstars und Bestseller auf dem internationalen Buchmarkt. Leseratten jeden Alters auf allen Kontinenten warteten ungeduldig auf immer neue Abenteuer der tapferen Gallier in ihrem listigen Kampf gegen die Römer. Sogar der erste französische Satellit im Weltraum wurde nach dem kleinen Helden benannt, »Asterix«.

Zwei Franzosen italienischer Abstammung waren die Väter dieser Kultfiguren, René Goscinny als Texter und Albert Uderzo als Illustrator. Auf einer PR-Tour machten sie einen Besuch in Stuttgart, wo der DELTA-Verlag ihre Werke in Deutschland herausbrachte und EHAPA sie vertrieb. Sie waren bereit, als Live-Gäste in der »Abendschau« aufzutreten. Ich war der Moderator an jenem Tag und freute mich richtig auf die beiden, hatte ich doch all ihre Geschichten seit *Asterix der Gallier* gelesen und gesammelt, *Asterix und Kleopatra*, *Asterix als Gladiator*, *Die goldene Sichel* und viele andere mehr. Als Goscinny und Uderzo abends kurz vor der Sendung im Taxi vorfuhren, hieß ich sie herzlich willkommen, begleitete sie in die Maske und ging schon mal voraus ins Studio.

Das Gespräch mit den französischen Gästen war der letzte Beitrag der Sendung. Als die beiden ins Studio kamen, Uderzo mit einem großen Zeichenblock unterm Arm, klatschte das ganze Team, Aufnahmeleiter, Kameramänner und Studiohelfer, offenbar alle Asterix-Fans. Ein Dolmetscher übersetzte simultan für die Zuschauer. So erfuhren sie, dass Goscinny und Uderzo in Paris zusammen in einer bescheidenen Ein-Zimmer-Wohnung ganz klein angefangen hatten. Zu ihren künstlerischen Kindern Asterix und Obelix waren sie eher durch einen Zufall gekommen. Eigentlich wollten sie eine Tiergeschichte für Kinder schreiben und illustrieren, doch der Verlag lehnte das Projekt ab. Dann verfielen sie auf die Idee, französische Geschichte amüsant und gescheit zu erzählen, aus jener Zeit, als das Land der Gallier 50 v. Chr. von den Römern besetzt war. Die Texte gelangen originell, dennoch historiengetreu und sogar mit allerlei lustigem Latein geschmückt. Die Geschichten wurden Lieblingslektüre quer durch die Gesellschaft, vom Grundschüler bis zum Professor, vom Handwerker bis zum Unternehmer. Asterix, Obelix, Idefix, Miraculix, Troubadix, Majestix, Methusalix & Co. mit ihrem Zaubertrank wurden Kult. Ihre geistigen Väter wurden Stars mit einer Auflage von mehreren hundert Millionen, ihre Abenteuer in mehr als hundert Sprachen übersetzt und mit Gérard Depardieu als Obelix prominent verfilmt.

Während wir uns im Studio noch vergnüglich vor der Kamera unterhielten, legte Uderzo den mitgebrachten DIN A3-Block auf das Knie seines übergeschlagenen rechten Beines, zückte einen Filzstift und fing an, nebenher mit flotten Strichen zu zeichnen. Ich konnte nicht erkennen, was er zu Papier brachte. Als unser Gespräch beendet war, trennte er das Blatt ab und schenkte es mir – ein Asterix-Porträt mit einem Mikrofon in der Hand und auch noch mit Widmung, signiert und datiert. Gerührt bedankte ich mich und verabschiedete die beiden aus der Sendung. Sie mussten eilig zum nächsten PR-Termin und verzichteten aufs Abschminken. Ich ließ im Studio alles stehen und liegen und begleitete sie zum wartenden Taxi, »au revoir, merçi mille fois, à la prochaine«.

Zufrieden ging ich zurück ins Studio, um meine Moderationsunterlagen und vor allem meine Zeichnung von Uderzo zu holen. Ich hatte bereits eine Vorstellung, wo ich diesen Asterix gerahmt zu Hause aufhängen würde, neben einem Cartoon von Tomi Ungerer, der Zeichnerlegende aus dem Elsass, für den ich später in der SWR-Galerie eine eigene Ausstellung im Stuttgarter Funkhaus organisierte. Die Studiobesatzung war bereits in den Feierabend gegangen, nur die matte Notbeleuchtung brannte noch. Meine Moderationstexte lagen ordentlich gestapelt auf dem Tisch, doch mein Asterix-Porträt fehlte. Ich suchte überall, es war weg, Uderzos Zeichnung war spurlos verschwunden, wie gewonnen, so zerronnen, vielleicht von einem Kollegen unter den Nagel gerissen, ein feiger Kunstraub. Dem Dieb wünschte ich in meinem Zorn einen »Hinkelstein« aus Obelix' Steinbruch mit kräftigem Schlag auf den Kopf als gerechte Strafe.

Mit einem »verdammte Sch …« ging ich in die Maske, wischte mir verärgert die Schminke aus dem Gesicht und trank im Fernseh-Casino zur Beruhigung einen doppelten französischen Cognac als Zaubertrank auf Goscinny, Uderzo, Asterix, Obelix, Troubadix, Idefix und Methusalix. An jenem Abend holte ich mir als Bettlektüre aus meiner kompletten Sammlung noch einmal das bereits zerfledderte Heft *Asterix und der Kupferkessel.* Darin geht es auch um einen gemeinen Diebstahl, allerdings von kostbaren römischen Silbermünzen. Diese heimtückische Tat konnte aufgeklärt und gebührend geahndet werden. Die römerfeindlichen Gallier durften, wie immer am Ende der Geschichten, in ihrem Dorf gemeinsam feiern und genüsslich einige gebratene Wildschweine verspeisen.

Meine langjährige Asterix-Begeisterung verflachte allerdings leider ein wenig, als nach dem Tod von René Goscinny die Reihe mit weniger genialen Texten zu Uderzos unvergleichlichen Bildphantasien fortgesetzt wurde.

Der Fernsehbonus

Es war in jenen 70er-Jahren, als man in gewissen Kreisen noch gerne große und schnelle englische Autos fuhr, auch wenn sie gut und gerne zwischen 15 und 20 Litern Super auf 100 Kilometern schluckten. Benzin war damals noch erschwinglich, Umweltschutz und CO_2-Abgase noch relativ klein geschrieben. Auch um die Promille scherte sich mancher nach Kneipen- und Discobesuchen hinterm Lenkrad damals deutlich weniger als heutzutage. Von einer charmanten Dame, die altershalber ihren Führerschein abgegeben hatte, konnte ich zu einem Schnäppchenpreis aus erster Hand einen Jaguar 3,8 S erstehen, Kilometerstand ca. 30 000, mitternachtsblau, Speichenräder, Ledersitze, Edelholzlenkrad, »Becker«-Radio, zwei Tanks, Tacho bis 280, neuer TÜV. Zwar ein Spritfresser, dennoch mein Traumauto, auch wenn es konstruktionsbedingt ziemlich reparaturanfällig war. Dreimal musste ich in meinem ersten Besitzerjahr die teure Lichtmaschine ersetzen.

Mit diesem »Jag«, frisch aus der Waschanlage, fuhr ich zur Hochzeit meiner guten Freundin, der Fotografin Saby Lazi, einer Riesenparty droben in der Villa auf dem Bopser über Stuttgart. Nach feucht-fröhlichem Gelage verließ ich mit den letzten Gästen das Fest, frühmorgens so um fünf. Das frisch getraute Paar bot mir noch freundlicherweise an, bei ihnen im Gästezimmer auszuschlafen, um nach der durchzechten Nacht nicht mehr nach Hause hinaus nach Fellbach fahren zu müssen. »In deinem Zustand«, fügten sie fürsorglich hinzu. Ich wollte jedoch die beiden in ihrer restlichen Hochzeitsnacht lieber ungestört alleine lassen, stieg in meinen Jaguar, winkte mit Handkuss zurück und gab Gas.

Es wurde bereits langsam hell, als ich mitten durch Stuttgart auf der B 27 fuhr, flott vorbei an Landtag, Staatstheater, Staatsgalerie – kein Auto weit und breit in der frühen Morgenstunde auf der langen, geraden Strecke. Plötzlich bemerkte ich im Rückspiegel ein blinkendes Blaulicht. Automatisch trat ich auf die Bremse. Ein Streifenwagen überholte mich, der Beifahrer hielt eine Stopp-Kelle zum geöffneten Fenster heraus und nötigte mich zum Anhalten. Mit scharfem Bremsen stellte sich der Polizeiwagen schräg vor meinen Jaguar, beinahe wäre ich aufgefahren. Gerade noch rechtzeitig konnte ich meine schwere Limousine zum Stehen bringen.

Die Polizisten stiegen aus, setzten ihre Dienstmützen auf und kamen bedrohlich auf mich zu. »Au weh«, dachte ich. Ich kurbelte das Fahrerfenster herunter und grüßte mit einem freundlichen »Guten Morgen«. »Polizeikontrolle, Ihren Führerschein und die Fahrzeugpapiere bitte«, war die höfliche Antwort. Aus dem Handschuhfach kruschtelte ich zwischen allerlei Zigarettenschachteln, Landkarten, Bonbons und Tempotaschentüchern die verlangten Papiere heraus und übergab sie dem Streifenbeamten. Ich erwartete bereits die Frage, ob ich etwas getrunken hätte. Die Polizeikollegen traten beiseite, prüften die Papiere und tuschelten miteinander.

Dann kam der ältere wieder zu mir und fragte, ob ich denn wisse, wie schnell ich gefahren sei. Etwas verlegen murmelte ich, dass ich nicht auf den Tacho geschaut hätte. »Aber wir haben auf den Tacho geschaut, Sie sind 140 gefahren, 50 sind hier erlaubt«, sagte der zweite Streifenfahrer und runzelte die Stirn. »Wohin hatten Sie es denn so eilig?«, fragte sein Kollege. In meiner misslichen Lage erfand ich geistesgegenwärtig eine Notlüge. »Ich komme soeben von der Hochzeit meiner besten Freundin, doch leider hat sie nicht mich geheiratet, sondern einen meiner Freunde, ein schmerzlicher Tag für mich, glauben Sie mir, ich wollte nur noch schnell nach Hause, Sie verstehen?«, und machte eine unglückliche Miene. Damit möglichst kein alkoholverdächtiger Dunst nach draußen dringen sollte, sprach ich schmallippig mit vorgehaltener Hand.

»Sie sind doch der Herr Naegele vom Fernsehen?«, fragte der Polizist und schaute auf meinen Führerschein, offenbar kannte er mich vom Bildschirm. Ich nickte etwas verlegen, mir schwante nichts Gutes. Sicher würde jetzt eine Standpauke folgen, dass man als Person des öffentlichen Lebens doch eher Vorbild sein müsse, als so unverantwortlich zu rasen. Womöglich käme jetzt auch noch die obligatorische Frage nach dem Alkohol, ein heikles Thema an jenem Morgen nach der vorausgegangenen Nacht an einer gut sortierten Hausbar. Dann gute Nacht Führerschein, befürchtete ich und streichelte bereits wehmütig über das wunderschöne Holzlenkrad.

Der ältere Polizist beugte sich zu mir herab und sagte die unglaublichen Worte: »Herr Naegele, jetzt hören Sie mal gut zu, Sie fahren jetzt nach Hause, wir fahren Ihnen voraus, und Sie überholen uns bitte nicht«, lachte und gab mir meine Papiere zurück. Er salutierte mit der Hand an der Mütze, verabschiedete sich, setzte sich mit seinem Kollegen in den Streifenwagen, und wir fuhren gemeinsam hintereinander los. Ich dachte, ich träume.

Als wir mit korrekten 50 Stundenkilometern nach vier Kilometern Stadtfahrt in Fellbach in der Esslingerstrasse angekommen waren, stieg ich aus, ging zum Streifenwagen und bedankte mich sehr herzlich bei der Polizei als wahrem »Freund und Helfer«. Der jüngere der beiden Kollegen ließ mich dann noch wissen, dass er mir schon einmal begegnet sei, als ich über seine Polizeihochschule in Schwenningen einen Bericht für das Fernsehen gedreht hatte. Der sei damals im Kollegenkreis sehr positiv angekommen.

Endlich zu Hause, nahm ich noch einen morgendlichen Schlummertrunk und konnte bis zur »Tagesschau« um acht selig durchschlafen. Als ich am nächsten Tag meinen Jaguar anlassen wollte, blieb er stumm, nicht einmal ein Startgeräusch. Ich hatte in meinem nicht ganz nüchternen Zustand vergessen, das Licht abzuschalten, die Batterie war leer und der ADAC musste Starthilfe leisten. Ich kam zwar anschließend zu spät in die Redaktionssitzung, dennoch war dies das kleinere Übel angesichts meiner Angst um den Führerschein bei jener tempo- und promillereichen Heimfahrt, die auf so wunderbare Weise straflos blieb. Von meinem geliebten Jaguar musste ich mich leider bald danach verabschieden. Als ich ihn nachts vor dem Haus geparkt hatte, fuhr ein betrunkener VW-Fahrer mit voller Wucht hinein. Totalschaden, nur das edle Lenkrad rettete ich vor dem Verschreddern als Andenken.

Ein zweites Mal rückte ich noch dramatischer in das Visier der Staatsgewalt, zugegeben wegen einer unsinnigen, schwer nachvollziehbaren Angewohnheit. Ich machte zu Hause meine Post nicht auf. Zwar leerte ich regelmäßig den Briefkasten, legte danach jedoch alle Briefe ungeöffnet und ungelesen auf den kleinen Biedermeiertisch im Flur, wo die Stapel täglich höher wurden. Natürlich waren auch immer wieder Rechnungen darunter, die ich trotz Mahnungen nicht bezahlte, weil ich sie nicht zur Kenntnis genommen hatte. So kam gelegentlich der Gerichtsvollzieher und trieb die Gelder meiner Gläubiger samt seiner Gebühren in bar ein. Er bekam jedes Mal einen Whisky, wir waren schon richtig gute Bekannte. Eines Tages bot er mir sogar eine freigewordene Wohnung in seinem eigenen Haus an. An meiner Zahlungsfähigkeit bezüglich der Miete hätte er keinen Zweifel und für seine Dienstgänge dann kürzere Wege. Übrigens habe er auch eine hübsche Tochter, ließ er mich augenzwinkernd wissen. Das freundliche Angebot lehnte ich jedoch dankend bei einem weiteren Whisky ab.

Eines schönen Tages klingelte mein »GV«, die landläufige Abkürzung für Gerichtsvollzieher, frühmorgens wieder einmal an der Wohnungstür, diesmal mit einer amtlichen Zustellung von der Staatsanwaltschaft Stuttgart. Ich quittierte den Empfang und öffnete diesen Brief ausnahmsweise sofort. Es war eine Vorladung in die Neckarstrasse 145, eine mir wohl vertraute Adresse als früheres Funkhaus des SDR, das nach dem Neubau in der Neckarstrasse 230 inzwischen von der Staatsanwaltschaft bezogen worden war. Natürlich meldete ich mich pünktlich zu dem gesetzten Termin im ehemaligen Stockwerk der SDR-Intendanz, konnte mir jedoch den Grund der Vorladung nicht erklären, war ich mir doch bei bestem Wissen und Gewissen keines Verbrechens oder Vergehens bewusst.

Ich klopfte an die Türe mit der auf der Vorladung vermerkten Zimmernummer. Ein jüngerer, eigentlich ganz sympathischer Staatsanwalt kam mir entgegen und begrüßte mich, noch bevor ich mich vorstellen konnte, freundlich bei meinem Namen. Zu meinem Erstaunen fand er beinahe entschuldigende Worte dafür, dass er einen früheren Justizkollegen und eine ihm inzwischen aus dem Fernsehen vertraute Persönlichkeit einvernehmen müsse und kam nach dieser Einleitung zur Sache. Ich musste erfahren, dass gegen mich wegen Unterschlagung ermittelt werde und war zunächst sprachlos. Die baden-württembergische Justizoberkasse in Metzingen hatte mich wegen des folgenden Sachverhalts angezeigt. Es seien von dort nach meiner Entlassung aus dem Justizdienst leider irrtümlicherweise noch etwa zwei Jahre lang die Referendargehälter weiter überwiesen worden, die mir nicht mehr zugestanden hätten, eine ganz hübsche Summe war inzwischen aufgelaufen. Als ehemaliger Beamter wäre ich verpflichtet gewesen, diese zu Unrecht erlangten Zahlungen sofort zu melden und zurückzuerstatten. Somit sei strafrechtlich der Tatbestand der Unterschlagung erfüllt und zivilrechtlich liege zusätzlich eine ungerechtfertigte Bereicherung vor.

Zu meiner Rechtfertigung führte ich an, es sei mir zwar peinlich, als ehemaligem Juristen, als Journalisten und auch als Privatperson, doch die angegebenen Zahlungen hätte ich nicht zur Kenntnis genommen, da ich meine Post und damit auch die von der Bank geschickten Kontoauszüge nie geöffnet hätte. Selbst über meinen Kontostand wisse ich nicht Bescheid, ich würde Bargeld stets an der Kasse des SDR abheben, das habe immer problemlos funktioniert. Dies sei die Wahrheit und nichts als die Wahrheit. Ich erwähnte auch die gelegentlichen Besuche des Gerichtsvollziehers. Der Staatsanwalt runzelte die Stirn und erwiderte, bei bestem Willen dürfe er diese Einlassung nicht akzeptieren. Das war mir als examiniertem Juristen klar, doch ich äußerte die Bitte, die Vernehmung zu beenden und am nächsten Tag fortzusetzen, ich würde dann meine Aussage belegen. Der Staatsanwalt war einverstanden und entließ mich mit den Worten »Sie sind ja nicht vorbestraft, und Fluchtgefahr besteht bei ihnen sicher auch nicht, also bis morgen zur selben Zeit.«

In jener Nacht habe ich wenig geschlafen. Wenn es zu einem Strafprozess gegen mich kommen sollte, wäre das privat und beruflich eine Katastrophe. Am nächsten Morgen packte ich die gesamte ungeöffnete Post von meinem Biedermeiertisch in eine große Reisetasche und brachte sie in die Neckarstraße. Dort schüttelte ich die vielen Briefe dem Staatsanwalt auf den Schreibtisch, damit er sich davon überzeugen konnte, was ich tags zuvor zu meiner Verteidigung vorgebracht hatte. Der Beamte staunte nicht schlecht, machte sich darüber her und sortierte jene Briefe aus vielen Monaten, die ersichtlich von meiner Bank stammten, heraus. Sie waren allesamt ungeöffnet. Der Staatsanwalt schüttelte nur den Kopf und entschuldigte sich für ein paar Minuten, vermutlich um sich mit seinem Vorgesetzten zu besprechen.

Ich zündete eine Zigarette an, nach meiner zweiten Gauloise kam der Staatsanwalt zurück und verkündete, er werde mir glauben und das Verfahren gegen mich einstellen, die irrtümlich überwiesenen Gehälter müsse ich selbstverständlich der Justizoberkasse unverzüglich zurückerstatten, eventuell sogar mit Zinsen. Ich bedankte mich und packte die Briefe wieder ein. Mit dem Versprechen, künftig regelmäßig die Post zu öffnen und weiter interessante und originelle Sendungen im Fernsehen zu machen, wurde ich in Gnaden entlassen. Seitdem habe ich das alte Funkhaus nie wieder betreten.

Auf Dienstreise hinter den Eisernen Vorhang

Es war noch die Zeit des Kalten Krieges, des Eisernen Vorhangs, die Jahre vor Wende und Mauerfall. Wir entwickelten in den 80er-Jahren beim SDR-Fernsehen eine aufwändige doch zukunftsweisende Programmidee für Südwest 3, den »Großen Abend«, Vorbilder der späteren Themenabende bei ARTE und anderen Sendern. Es waren dreistündige Live-Sendungen über interessante Städte des Ostblocks, mit Filmen, Musik und Gesprächen über Geschichte und Gegenwart der jeweiligen Orte, Budapest, Prag, Krakau, Dubrovnik. Es war damals für ein Westfernsehen ziemlich kompliziert, von den kommunistischen Behörden und Diensten die Genehmigungen dafür zu bekommen, vor allem, weil diese Sendungen parallel und live auch in den jeweiligen Gastländern, simultan übersetzt, ausgestrahlt wurden. Alle Themen und mitwirkende Personen mussten zuvor genau abgesprochen werden, damit sich aus dortiger Sicht kein politisch missliebiger Satz und kein falscher klassenfeindlicher Zwischenton in die Sendungen einschleichen konnten. Daran ist dann auch das Projekt, einen solchen »Großen Abend« über Moskau zu machen, gescheitert.

Eine Dienstreise führte an einem Augusttag von Stuttgart

ins blockfreie Jugoslawien der Nach-Tito-Zeit zum heutigen Weltkulturerbe nach Dubrovnik. Eine lange Fahrt mit großem Ü-Wagen, LKWs mit Kameras, Ton, Licht, Requisiten und Bussen mit den Teams und dem Südfunk-Chor. Die Sängerinnen und Sänger sollten in der Sendung gemeinsam mit einem jugoslawischen Orchester auftreten, aus beiden Ländern waren honorige Gäste eingeladen, ein vorproduziertes filmisches Stadtporträt von Dubrovnik sollte in die Live-Sendung eingespielt werden.

Ich flog mit dem Moderator der Sendung, Gerhard Konzelmann, voraus. Wir machten einen Zwischenstopp in Zagreb. Hier mussten wir nochmals letzte Absprachen mit zuständigen Parteifunktionären treffen und durften im ersten Haus am Platz übernachten, einem alten, etwas abgewirtschafteten Nobelhotel. Als ich abends auf meinem Zimmer war – Kollege Konzelmann hatte sich bereits zurückgezogen und schrieb an einem seiner zahlreichen Bestseller – verspürte ich noch Lust auf einen Schlummertrunk und ging hinab an die schummrige Hotelbar. Dort war ich der einzige Gast. Ich bestellte ein Bier und einen Slibowitz.

Etwas gelangweilt saß ich auf meinem Hocker, der Barkeeper schaute fern, ich verstand kein Wort, Zeitungen gab es nicht, so blätterte ich für den nächsten Tag den Ablauf der Sendung noch einmal durch. Über einem Portal auf der Rückseite der Bar las ich in goldenen, schmuckvollen Lettern das Wort »Casino«. Neugierig, was sich dahinter verbergen könnte, ging ich hinüber und schaute in das Hinterzimmer. Dort standen, sanft beleuchtet, vier Roulette-Tische, die Croupiers saßen tatenlos auf den Fensterbänken, standen auf und begrüßten mich freundlich, sie verstanden deutsch. Auch hier war ich der einzige Besucher. Ich wollte eigentlich gar nicht spielen, doch irgendwie taten mir die frustrierten Croupiers leid.

Also wechselte ich 100 Deutsche Mark in die einheimische Währung und setzte mich an einen der Spieltische. Alle Croupiers standen gespannt dabei, als ich einige Chips auf »Rouge« und auf »Impair« setzte. Bevor das übliche »rien ne va plus« angesagt wurde, rollte bereits die Kugel, drehte sich und drehte sich im Kessel, blieb schließlich auf der 10 liegen – alles verloren. Beileidsbekundungen von den Croupiers, was völlig unüblich ist in einem Spielcasino. Normalerweise werden die verlorenen Jetons wort- und mitleidlos mit dem langstieligen Râteau eingestrichen. Ich setzte wieder, diesmal auf »erstes Drittel« und auf ein »Cheval« zwischen 19 und 20, es kam die 35 – wieder nichts. Dritter Versuch, mutig setzte ich auf 13 und 26. Die Kugel kreiste und kullerte schließlich tatsächlich auf die schwarze 26, ein »Plein«! Beifall von den Croupiers, auch das absolut untypisch in einem Casino. Einer schob mir als Gewinn den 35-fachen Einsatz zu. Ich sagte »pour les employés«. Das bedeutet in Spielerjargon, dass ein Chip des Gewinnes für die Angestellten gegeben wird. Mit einem Dankeschön zog der Croupier das Stück ab und versenkte es in den Tronc, aus dem die Angestellten honoriert werden. Ich sagte, »*alles* für die Angestellten« und schob den ganzen Gewinn zurück zum Bankhalter, umgerechnet 350 DM. Das hatten die Herren wohl noch nie erlebt, dass ein Spieler seinen ganzen Gewinn den Croupiers spendiert. Sie klatschten und besorgten einen Kasten Bier aus der Bar, wir tranken auf Freundschaft und Frieden der Völker in Ost und West. Im damaligen Jugoslawien mussten sie darauf noch lange warten und kriegerische Zeiten erleben und erleiden. Es war schon kurz vor Mitternacht, ich hatte am nächsten Tag, fern der

Heimat, Geburtstag, und so feierten wir gemeinsam feuchtfröhlich hinein.

Am Morgen darauf flogen Gerhard Konzelmann und ich in aller Frühe hinüber nach Dubrovnik, wo bereits die Proben für den großen Live-Abend in vollem Gange waren. Unser Südfunk-Chor, der dafür aus Stuttgart angereist war, kam für eine Kaffeepause auf die Placa, als Kollege Konzelmann und ich dazustießen. Die Sonne legte ein warmes Licht auf die historischen Fassaden und Marmorplatten aus vielen Jahrhunderten, es war ein wundervoller Spätsommertag an der Adria.

Als mein Kaffee kam und ich genüsslich eine Zigarette anzündete, standen plötzlich an mehreren Tischen des Straßencafés die Damen und Herren vom Südfunk-Chor auf, gruppierten sich um mich herum und sangen mehrstimmig »happy birthday to you«. Einige Passanten blieben stehen, manche sangen sogar mit. Ich war gerührt und überrascht, woher wussten die Sängerinnen und Sänger von meinem Geburtstag?, vermutlich von Gerhard Konzelmann. Ich bedankte mich und gab eine Runde Slibowitz aus. Vielleicht ein animierender Aperitif für die »Geburtstagssendung«, die am Abend open-air bei Vollmond vor großem Publikum ohne Pannen prächtig gelang und dies- und jenseits des Eisernen Vorhangs live gesehen wurde. Die anschließende Produktionsfeier dauerte bis tief in die laue, südliche Sommernacht über dem mare nostrum.

Einen Zuspielfilm aus jener Sendung mit dem Stadtporträt von Dubrovnik und der einzigartigen Architektur seiner wechselvollen Geschichte wiederholten wir Jahre später in unserem Dritten Programm, als die Kriegsbilder von Bombenangriffen auf das UNESCO-Weltkulturerbe um die Welt gingen. Unser Film erinnerte noch einmal an die unzerstörte

Altstadt mit Kloster Sveta Klara, Rektorenpalast, Dom, St. Blasius- und Jesuitenkirche, Sponzapalast, Franziskaner- und Dominikanerkloster. Ein Fernsehblick zurück in heiligem Zorn auf die Kulturschande in jenem historischen Dubrovnik, das ich in kostbarer Erinnerung behalten habe. Jahre später wurden viele von den während des Balkankriegs beschädigten Bauten der Altstadt mit internationaler Hilfe restauriert.

Tacitus

In die »Abendschau« der 70er-Jahre kam in jeder Sendung ein Live-Gast ins Studio. Dort bin ich als einer der Moderatoren so manchem mehr oder weniger prominenten Zeitgenossen begegnet, Schauspielern, Politikern, Sportlern, Köchen, Regisseuren, Schriftstellern, Sängern, Bischöfen, Komikern, Künstlern, Erfindern und vielen anderen. Es war immer wieder eine Herausforderung, in knappen vier bis fünf Minuten Sendezeit den Zuschauern eine Person und ihren beruflichen Background interessant zu vermitteln. Die meisten kannte ich auch nur aus den Medien, die persönlichen Begegnungen gestalteten sich dann sehr unterschiedlich. Manche Gäste waren mir sympathisch, andere eher schwierig, einigen war ich wohl auch nicht ganz gewachsen, und es waren auch richtig arrogante Ekelpakete darunter.

Natürlich ist es angenehm, wenn auf Anhieb die Chemie zwischen Moderator und Gesprächspartner stimmt. Viel Zeit zur Vorbereitung blieb oft nicht, man sah sich zum ersten Mal kurz vor der Sendung in der Maske beim Schminken und konnte sich ein paar flüchtige Notizen machen. Selbstverständlich besorgte ich mir zur Vorbereitung auf die Sendung Unterlagen aus Bibliothek und Pressearchiv oder recherchierte am Telefon. Informationsquellen wie Google oder Wikipedia und auch Handys waren noch in ferner Zukunft.

Eines schönen Tages war André Heller als Studiogast eingeladen, ein Multitalent der Kulturszene mit vielen bunten und schrägen Facetten, doch schwer einzuschätzen. In der Redaktionssitzung am Vormittag, als der Ablauf der Sendung besprochen wurde, scherzte ich noch, dass mir André Hellers attraktive Ehefrau, die Schauspielerin Erika Pluhar, noch lieber wäre als Vis à vis auf Tuchfühlung im Studio – die Kollegen grinsten.

Wie ich flüchtig recherchiert hatte, stammt das echt' Wiener Kind André Heller väterlicherseits aus einer wohlsituierten jüdischen Familie mit einer Süßwarenfabrik, in der das Dragée erfunden wurde. Es zog ihn wohl schon als Schüler zu den Literaten ins legendäre Café Hawelka. Dort verkehrten damals Friedrich Torberg, H.C. Artmann, Helmut Qualtinger und andere Gleichgesinnte. Der junge André nahm Schauspielunterricht bei Hans Weigel und Elfriede Ott. Seine ersten Auftritte auf Avantgardebühnen waren noch wenig Erfolg versprechend. Doch dann ging es steil bergauf mit seiner Karriere, er gründete den Popsender Ö3, moderierte Rundfunk- und Fernsehsendungen, wurde Liedermacher und Chansonnier, vertonte eigene Lyrik und fremde Texte, spielte in Filmen, machte selbst welche, gründete Jahre später mit Bernhard Paul den legendären Circus »Roncalli« …

Mit diesem Wissen sollte ich diesen Tausendsassa diverser Kultursparten in wenigen Minuten mit ein paar Sätzen und Fragen meinen Zuschauern näherbringen. Jener Tag war journalistisch ziemlich unruhig, wegen einer Aktualität mussten wir das Konzept der »Abendschau« mehrfach ändern, kein Vergnügen für den Moderator, sich dauernd neu vorzubereiten. Durch diesen Redaktionsstress kam ich gar nicht dazu,

André Heller bei seiner Ankunft gebührend zu empfangen oder ein vernünftiges Vorgespräch zu führen. Also begegnete ich ihm erstmals, als er aus der Maske kam und der Aufnahmeleiter ihm während der Sendung seinen Sessel im Studio zuwies, in den er sich lässig hineinlümmelte.

»Schön, dass Sie da sind«, begrüßte ich ihn, setzte mich zu ihm, charakterisierte ihn mit ein paar Worten und stellte meine erste Frage. André Heller hörte scheinbar interessiert zu, lehnte sich zurück und antwortete in seinem breiten Wiener Schmäh etwas nasal: »i soag niiix«, zu deutsch: »ich sage nichts«. Auf mein »Wie bitte?« wiederholte er: »i hobs doch gsoagt, i soag niiiix«. Ich war irritiert, das hatte ich noch nie erlebt und fragte mich, ob er verärgert war, weil er im Sender nicht gebührend empfangen wurde, ob er Stress mit seiner Erika Pluhar hatte oder ihm meine Frage nicht gepasst hatte?

Was tun? Ich hatte immer noch knapp vier Minuten Sendezeit live zu füllen, ein Ersatzbeitrag war nicht vorgesehen. Genervt dachte ich an meine vermutlich gelangweilten Zuschauer am Bildschirm, die womöglich ins ZDF umschalteten. Also nochmals ein Versuch, André Heller zum Reden zu bringen. »Und warum wollen Sie eigentlich nichts sagen?« Heller verschränkte die Arme und schaute nur gelangweilt an die Studiodecke. »Dann hätten Sie doch gar nicht zu kommen brauchen« – keine Reaktion. Ich versuchte, meinen Ärger nicht zu zeigen, lieber das Beste aus der Situation zu machen, und so bemühte ich mich, Hellers öffentliches Schweigen und seine Verweigerung als eine künstlerische Aktion zu interpretieren, als subtile Medienkritik gegen Geschwätzigkeit und Publicitysucht auf dem Bildschirm.

Ich sah, wie die Kameramänner über mein Gestammel schadenfroh grinsten. Der Aufnahmeleiter zeigte mir zwei

Finger, das bedeutete nicht etwa »V« wie victory, vielmehr, dass ich noch zwei Minuten der Sendung mit dem Studiogast füllen musste. In meiner Verlegenheit versuchte ich das »Schweigen« in der Kulturgeschichte zu benennen. Schon die alten Römer hatten bekanntlich: »si tacuisses philosophus manisses«, hättest du geschwiegen, wärest du Philosoph geblieben, gesagt. Ich zitierte das Sprichwort »Reden ist Silber, schweigen ist Gold« und verfiel mit meinen Assoziationen schließlich auf Heinrich Bölls Roman *Doktor Murkes gesammeltes Schweigen* und Ingmar Bergmans berühmten Film *Das Schweigen.*

Dann fiel mir nichts mehr ein, ich blieb einfach sitzen, schaute demonstrativ auf meine Armbanduhr und zählte laut die Sekunden, sonst war Stille im Studio. Auf ein weiteres Zeichen des Aufnahmeleiters durften wir endlich aufstehen, ich bedankte mich süffisant bei André Heller für seinen »originellen, ausgefallenen Beitrag«, ging hinüber an mein Moderationspult und kündigte die letzte Filmeinspielung der Sendung an. Danach Absage, Wetter und Schlussmusik. An diesem Tag war die »Abendschau« ausnahmsweise 30 Sekunden zu kurz. Normalerweise kämpft man als Moderator eher gegen Überziehung der Sendezeit, das wenigstens blieb mir, dank André Heller, erspart.

Es war meine erste und letzte berufliche Begegnung mit dem exzentrischen Wiener Künstler und Entertainer. Auch wenn ich mich damals über seine Schweigsamkeit im Studio im Stillen geärgert hatte, musste ich in den nächsten Jahrzehnten immer wieder seine oft spektakulären, musikalischen, theatralischen, cineastischen und sonstigen kreativen Aktivitäten anerkennen und bewundern. Viele Jahre später las ich dann einen Satz von André Heller, den er einem Kollegen in einem Interview gesagt haben soll: »Letztlich darf ich nicht meine Zeit veruntreuen. Ich weiß doch nicht, ob ich nicht im nächsten Satz tot umfalle.« Vielleicht hat gerade solche Ungewissheit André Heller damals im Studio blockiert und ihn daran gehindert, einen nächsten Satz auf meine Fragen zu sagen?

Doch es gab auch Gesprächspartner, die sich vergleichsweise noch seltsamer verhalten haben, etwa wenn sie nicht mehr ganz nüchtern oder gar leicht bekifft vor der Kamera saßen. So hat das bayerische Film- und Theaterunikum Herbert Achternbusch als Schluss eines Interviews im Stuttgarter Kommunalen Kino sogar den Rest seines Bierglases mit übermütigem Schwung ins Objektiv unserer Kamera geschüttet, eine feucht-fröhliche Abblende. Ich trocknete die nasse Kamera sorgfältig mit meinem Taschentuch ab und brachte sie rasch in die Werkstatt, der Film konnte gerettet und gesendet werden.

Hand an sich legen

Moderieren wurde nie zur Routine. Zwar hatte ich kaum einmal Lampenfieber vor der Kamera, doch immer das Bewusstsein, dass landauf landab einige Tausend unsichtbar mehr oder weniger interessiert und auch kritisch zuschauten. Meine Motivation war es nicht, gefallen zu wollen oder gefällig sein, vielmehr sachlich zu informieren, für jede Sendung aktuelle Themen zu recherchieren, die Texte verständlich zu formulieren und zu präsentieren, noch ohne die heute gängigen Teleprompter. Oft spannender als Filme über Wahlen, Waldbrand oder Wetter anzukündigen, waren die Live-Interviews, je nach Typ und Thema der Studiogäste, vor allem, wenn man sich mit dem Gegenüber gut verstand.

1976 begrüßte ich als Gast mit Jean Améry einen unvergessenen Schriftsteller, ausgezeichnet mit dem Deutschen Kritikerpreis. Im Stuttgarter Klett Verlag war soeben sein neuestes Buch *Hand an sich legen* erschienen, das eine aufgeregte öffentliche Diskussion hervorgerufen hatte. Es war eine sehr freimütige Reflexion über den Freitod. Damals war Selbstmord noch ein Tabuthema der Gesellschaft. Selbstmörder waren auch in der katholischen Kirche lange ausgegrenzt, bekamen kein kirchliches Begräbnis, wurden abseits an der

Friedhofsmauer oder manchmal sogar außerhalb begraben. Depressionen als Ursachen, das Leben nicht mehr zu bewältigen, wurden verdrängt und stigmatisiert, der Besuch eines Psychotherapeuten gescheut oder verheimlicht, obwohl man wissen konnte, dass ca. 90 Prozent der Suizide Folgen von Depressionen sind. Palliativmedizin, Hospiz, Sterbehilfe oder Patientenverfügung waren noch keine gebräuchlichen Begriffe, von rituellen Selbstmorden wie Harakiri hörte man befremdet nur aus dem fernen Japan.

Zur Vorbereitung auf das Studiogespräch mit Jean Améry informierte ich mich im Pressearchiv über seine Biografie. Er war der Sohn eines Juden, der im Ersten Weltkrieg gefallen war, und einer Katholikin. Aufgewachsen im Salzkammergut, machte er nach seiner katholischen Erziehung eine Buchhändlerlehre in Wien. Dort wurde er Dozent an der Volkshochschule. Nach seiner Emigration 1938 haben ihn die Nazis in Belgien als »feindlichen Ausländer« verhaftet. Er wurde im Lager Gurs in Südfrankreich interniert, jedoch gelang ihm die Flucht. Zurück in Belgien, schloss er sich dem Widerstand an, wurde von der Gestapo wieder verhaftet, inhaftiert, gefoltert und schließlich in die Konzentrationslager Auschwitz, Buchenwald und Bergen-Belsen deportiert. Er hat die Schrecken der KZs mit unvergessenen Erinnerungen überlebt. Nach 1945 arbeitete er zunächst als Journalist für diverse Zeitungen und verweigerte zeitweise das Erscheinen seiner Publikationen in der BRD. Das »Weiterleben aber wie« war nach den schlimmen Ereignissen und Erfahrungen in seiner Biografie immer wieder auch Thema in seinem literarischen Schaffen.

Über diesen erschütternden biografischen Hintergrund sprachen wir zunächst in der Sendung, um dann auf sein neues Buch zu kommen. Natürlich hatte ich es gelesen, seine

These vom Tod als einer letzten Freiheit hat mich sehr bewegt. Damals war ich Mitte 30 und Sterben für mich ein noch eher ferneres Thema. Amérys Gedanken über das Recht am eigenen Leben und auf einen selbst gewählten Tod waren lesenswert und machten in ihrer moralischen Ernsthaftigkeit auch nachdenklich. Ich hatte mir eine besonders eindrucksvolle Passage des Buches notiert und stellte Améry dazu folgende Frage: »Wenn jemand tot aufgefunden würde, aufgeschlagen neben sich Ihr Buch mit eben jener Seite X, was würden Sie dazu sagen?« Er überlegte kurz und antwortete langsam, aber bestimmt: »Ich würde sagen, er hatte einen guten Tod« – der Schlusssatz unseres Gesprächs. Ich verabschiedete den sympathisch bescheidenen Fernsehgast.

Nach der Sendung ging ich zurück in die Redaktion, setzte mich nachdenklich an meinen Schreibtisch und zündete eine Zigarette an. Das Telefon klingelte, die Sekretärin stellte eine Zuschauerin durch, die sich ohne ihren Namen zu nennen meldete. Leise, mit monotoner Stimme sagte sie, ihr Sohn habe sich vor zwei Tagen mit Schlaftabletten das Leben genommen. Sie habe ihn tot in seinem Bett gefunden, neben sich das Buch von Jean Améry mit eben jener Seite aufgeschlagen, über die wir in der Sendung gesprochen hätten. Dann legte sie auf. Ich überlegte, ob ich den Autor nachträglich über dieses Telefonat informieren sollte, verwarf dann aber den Gedanken.

Zwei Jahre später hat Jean Améry im Hotel »Österreichischer Hof« in Salzburg, dem späteren »Hotel Sacher«, mit einer Überdosis Schlaftabletten Hand an sich gelegt. Die journalistische und literarische Auseinandersetzung mit dem eigenen Tod konnte ihn davor nicht bewahren. Als ich wieder einmal in Wien war, besuchte ich sein Ehrengrab auf dem

Zentralfriedhof, in der Gruppe 40 die Nummer 132. Amérys *Hand an sich legen* erlebt inzwischen bereits die 11. Auflage. Seine deutsche Verlagsstadt Stuttgart hat einen kleinen romantischen Weg auf den schönsten Hügel, die Karlshöhe, nach Jean Améry benannt.

Andy Warhol auf dem Killesberg

»Der Killesberg, der Killesberg, des isch mei Paradies«, so hat ihn Erich Hermann, das »Rundfunk-Fritzle«, schwärmerisch im Radio besungen. Ja, der Killesberg ist schon eine sehr spezielle Stadtparzelle hoch über Stuttgart, mit dem Architekturdenkmal Weißenhofsiedlung aus dem Jahr 1927 neben der traditionsreichen Staatlichen Akademie der Bildenden Künste, an der einst Hoelzel, Schlemmer und Baumeister gelehrt haben. Über Jahrzehnte war der Killesberg auch ein attraktives Messegelände, reizvolles Gartenschaubiotop und der SDR hat auf dem Killesberg, noch in armseligen Behelfsbaracken, seine ersten Fernsehsendungen produziert. Nicht zuletzt war und ist der Killesberg erste Adresse für die gutbetuchten »Schdurgerdr« in ihren noblen Villen.

Mit einem Kunstprofessor der »Aka« war ich schon in den 70ern befreundet, Kurt Weidemann, Erfinder moderner Typografien, Gestalter von prominenten Firmenlogos, ein kreativer und provozierender Zeitgenosse der Kulturszene. Eines Abends, in unserem Lieblingslokal »Melle«, lud er mich zu einer Open-air-Kunstausstellung ein, die er an einem Sommernachmittag auf dem Killesberg kuratieren werde, im Park des herrschaftlichen Domizils einer kunstsinnigen und vermögenden Dame der besseren Gesellschaft. »Du wirst sehen, es lohnt sich«, zwinkerte er mir zu.

Als ich zur Vernissage einen Parkplatz vor besagter Adresse suchte, kam ich mir in meinem schrottreifen Ford-Taunus-Cabrio ein wenig armselig vor zwischen all den Porsches, Jaguars und Mercedes-Luxuslimousinen, die bereits vorgefahren waren. Mit einem Glas Champagner wurden die Gäste zur Begrüßung empfangen und, soweit man sich nicht bereits kannte, der Dame des Hauses vorgestellt. Als Gastgeschenk brachte ich einen kiloschweren Katalog der großen Warhol-Ausstellung 1968 in Stockholm mit.

Dann wurde ich hinausgebeten in den Park mit Swimmingpool und einem herrlichen Blick hinunter auf die Stadt bis hinüber zum Fernsehturm jenseits des Stuttgarter Talkessels. Verteilt im weitläufigen Gelände waren ungefähr zwei Dutzend Staffeleien aufgebaut und jeweils ein Bild darauf gestellt, auch einige dreidimensionale Objekte waren auf dem Rasen arrangiert. Diese Ausstellung wurde von den zahlreichen Besuchern gebührend betrachtet und bestaunt. Auf einem Poster konnte man Namen und Vita des Künstlers erfahren, den ich bis dato nicht kannte, ebenso waren die Preise der einzelnen Artefakte aufgeführt. Ein jugendliches Jazztrio der Musikhochschule bot den musikalischen Rahmen an diesem sonnigen Nachmittag. Ein derart reizvolles Kunstambiente – ich bedauerte sehr, kein Fernsehteam dabeizuhaben.

Um 16.00 Uhr trat die Gastgeberin ans Mikrofon, begrüßte die versammelten Kunstfreunde und übergab an den Kurator der Ausstellung, Professor Kurt Weidemann. Er skizzierte den Künstler mit lobenden Worten und entschuldigte dessen Abwesenheit. Er sei zurzeit in Italien als Stipendiat Gast der Villa Massimo und habe in seinem geliebten Arkadien leider den Flieger nach Stuttgart verpasst, die Laren als römische Schutzgeister seien ihm wohl nicht gnädig gewesen. Es sei ein junger Künstler, der die Zukunft noch vor sich habe, und der sich vor allem durch die erstaunliche Vielfalt seiner Motive und die extreme Breite des kreativen Spektrums seiner Mal- und Bildhauertechniken auszeichne. Noch seien seine Werke erschwinglich, Kunstschnäppchen sozusagen, man solle also bitte zugreifen. Dann der obligatorische Schlusssatz: »Die Ausstellung ist eröffnet«, Applaus und bedauerndes Murmeln über die Abwesenheit des so interessant beschriebenen hoffnungsvollen Künstlers.

Zur kulinarischen Einstimmung wurden von freundlichen Damen des Böhm-Caterings feine Häppchen und Getränke angeboten, auch um die Kauflaune der Gäste für die Kunstwerke zu animieren. Und so dauerte es nicht lange, bis unter einigen Bildern die ersten kleinen roten Punkte klebten, als Zeichen, dass sie einen Interessenten gefunden hatten. Die Stimmung stieg, die Sonne sank, als Professor Weidemann nach diversen Gläsern seines notorischen Bieres, mit einem Fläschchen in der Hand, nochmals ans Mikrofon trat.

Mit bereits etwas schwerer Zunge überraschte er die Vernissagengäste mit verblüffenden Worten. »Kurtl«, wie ihn seine Freunde nannten, tat kund, dass es den von ihm vorgestellten Künstler gar nicht gebe, der Name sei erfunden, die gezeigten Arbeiten seien von diversen Studentinnen und Studenten verschiedener Semester in der benachbarten Kunstakademie gefertigt worden, just for fun, die Ausstellung sei sozusagen ein Fake, doch als solcher wiederum ein Kunstprodukt der anderen Art. Gelächter, Beifall und Pfiffe von den auf den Holzweg geführten Kunstfreunden. Ich konnte leise Worte hören wie

»Unverschämtheit«, »Verarschung«, aber auch »Klasse«, »Spitze«, »typisch Weidemann«.

Nun ärgerte ich mich erst richtig, dass ich keine Kamera dabei hatte, um das kuriose Kunstereignis für einen kleinen Film in der »Abendschau« zu dokumentieren. Die roten Punkte verschwanden wieder unauffällig von den Bildern, auch einige Gäste verabschiedeten sich etwas düpiert, andere wiederum fanden das Ganze toll und feierten munter feuchtfröhlich in den Abend hinein. Dabei durfte ich die Gastgeberin etwas näher kennen lernen und gab ihr zum Abschied meine SDR-Visitenkarte. Man würde sich sicher bald einmal wiedersehen.

Einige Monate später erhielt ich tatsächlich einen Anruf von eben jener Dame auf dem Killesberg mit der spontanen Einladung zu einem privaten Kunstereignis bei ihr zu Hause. In jenen 70er-Jahren war es eine Frage von Geld, Prominenz oder beidem, vom Pop-Art-Papst Andy Warhol nach seinen Fotografien porträtiert zu werden. Jene bunten Kunstkonterfeis von Marilyn Monroe, Liz Taylor und anderen Stars und Promis waren bereits wie seine Campbell's Suppendosen Ikonen, begehrte Ausstellungs-, Sammler- und Auktionsobjekte.

Dieser Ausnahmekünstler und Filmemacher Andy Warhol wurde auf dem Killesberg erwartet, er sollte die Dame des Hauses in einem seiner exklusiven Pop-Porträts verewigen. Um diesem Event den gebührenden Rahmen zu bieten, hatte die attraktive Frau im besten Alter mit solidem familiärem Background zu einer Gartenparty ihre Freunde aus den besseren Kreisen geladen. Und alle kamen, die Damen in Designerklamotten, ich in meinem crèmefarbenen Anzug, frisch aus der Reinigung, und mit der Erlaubnis, ein Fernsehteam mitzubringen. Man amüsierte sich, smalltalkte zunächst bei Champagner und Häppchen im Park um den Swimmingpool und erwartete vergnügt die Ankunft des Künstlers.

Durch Gläserklingen und Gelächter hörte man plötzlich aus einiger Entfernung mehrmals ein Auto mit einem exotischen Signalton hupen. Ich eilte mit meinem Kameramann hinaus vor die Villa, als soeben langsam ein Rolls Royce Silver-Shadow mit Rechtssteuerung und Düsseldorfer Autonummer in die Doppelgarageneinfahrt einbog und knirschend auf dem Kiesweg anhielt. Der Fahrer in Chauffeursuniform stieg aus und öffnete die schweren Türen der Nobelkarosse. Vorne links entstieg als erster Hans-Frieder Mayer, der renommierte Galerist des Künstlers aus Düsseldorf. Eine Mischung aus Idealist, Glücksritter und Harlekin auf dem Polster des Umsatzes, so hat ihn ein Galeristenkollege beschrieben. Diesen Hans-Frieder Mayer kannte ich bereits aus seinen noch bescheidenen, avantgardistischen Anfängen in der Op-art-Galerie in Esslingen. Beflissen half er seinem Starkünstler aus dem Fond des Rolls Royce. Andy Warhol setzte seinen Fuß erstmals auf Stuttgarter Boden. Er wurde begleitet von einer weiteren Person, kein Bodyguard, offensichtlich ein vertrauter Freund des Künstlers, lässig elegant gekleidet, sie sprachen englisch miteinander. Mit der Handkamera verfolgten wir das Trio auf dem Weg zum Empfang durch die Gastgeberin am Eingangsportal. Der Chauffeur schleppte das Gepäck aus dem Kofferraum heran und übergab es dem Hauspersonal. Die Ankömmlinge zogen sich zunächst auf ihre zugewiesenen Gästezimmer zurück, um sich nach der Fahrt frisch zu machen.

Den erwartungsvollen Gästen draußen im Park verkündete man auf gut schwäbisch: »Erst die Arbeit, dann das Vergnügen«, sollte heißen, zunächst mache Warhol drinnen seine Fotoaufnahmen von der Hausherrin als Vorlage für das spätere Kunstwerk und erscheine dann zur Party, die inzwischen heiter weiterging. Ich durfte mit meinem Team sozusagen ins Allerheiligste und für unsere Reportage einige Einstellungen drehen, bevor dann der Künstler, allerdings off the records, sein Modell im Salon mit seiner Polaroid-Sofortbild-Kamera mehrfach ablichtete. Der Galerist übersetzte leise die knappen englischen Regieanweisungen des Fotografen. Als die Arbeit alsbald getan war, schenkte mir Warhol eines der wohl weniger gelungenen Polaroids, immerhin ein echter Mini-Warhol. Ich bedankte mich und dachte dabei an ein Zitat des Künstlers: »The lightning is bad, the camera work is bad, but the people are beautiful«. Leider habe ich das geschenkte Foto in der Hektik am Drehort liegen lassen, als wir gemeinsam rasch unser Equipment zusammenpackten. Danach war meine Polaroid-Aufnahme auf Nimmerwiedersehen verschwunden, sie hätte meine private Kunstsammlung prominent bereichert.

Dann folgte der gesellschaftliche Höhepunkt des Nachmittags. Andy Warhol zeigte sich der Gästegesellschaft hinter dunkler Sonnenbrille und wurde mit begeistertem Applaus begrüßt. Man ließ es sich gut gehen. Viele suchten natürlich die Nähe des Künstlerstars. Vielleicht würden dabei weitere Porträtaufträge zustandekommen, wird sich der geschäftstüchtige Galerist Mayer gedacht haben, jedenfalls dankbare Motive für meinen Kameramann.

Allmählich senkte sich die Dämmerung über das fröhliche Treiben, als plötzlich Unruhe aufkam. Warhol war verschwunden. Man rief seinen Namen, schaute im Haus nach, im Gästezimmer, auf der Toilette, nirgends, er war wie vom Erdboden verschwunden. Schließlich hörte man hinter einer Fliederhecke aufgeregte Stimmen, die sich der Gesellschaft näherten. Der elegante Begleiter Warhols hatte seinen Freund aufgespürt, als er sich dort ungestört mit dem hübschen Sohn der Gastgeberin unterhielt. Dieses harmlose Privatissimum zwischen dem berühmten Künstler und einem an Kunst interessierten Jungen, abseits der lärmenden Gesellschaft, machte den Warhol-Intimus wohl irgendwie misstrauisch oder gar eifersüchtig. Leider konnten wir die kapriziöse Situation nicht drehen. Es sei zu dunkel, bedauerte mein Team. Die Situation beruhigte sich wieder. Es wurde noch eine lange Nacht auf dem Killesberg. An jenem Tag überschritten wir mit meinem Fernsehteam deutlich die Arbeitszeitordnung bei den Dreharbeiten. Beim Abschied bat ich noch, mich zu informieren, wenn das nach der Fotovorlage gefertigte Porträt aus Warhols legendärer New Yorker »Factory« in Stuttgart ankäme.

Nach einigen Wochen kam tatsächlich der erbetene Anruf vom Killesberg, die mit Spannung erwartete Sendung aus den USA sei eingetroffen. Ich schlug vor, mit dem Auspacken noch etwas zu warten, damit wir diesen spannenden Moment mit der Kamera als Schluss für unseren Film festhalten könnten. Ich bestellte rasch ein Team, zwei Stunden später waren wir drehbereit vor Ort. Die Hausherrin und ihr Lebenspartner aus etwas anderem Milieu öffneten die sorgfältige Verpackung des kostbaren Kunstwerks. Das damalige Modell vor Warhols Polaroid-Kamera betrachtete nun ihr fertiges Kunstkonterfei als hochwertigen Siebdruck erstmals vor unserer Fernsehkamera, ein schönes Bild. Sie blieb stumm bei dieser artifiziellen Begegnung mit sich selbst. Ihr Partner kommentierte das Porträt mit kritischen Blick und der despektierlich klingenden, doch wohl nicht ganz ernst gemeinten Überlegung, man könne es ja im Klo aufhängen. Damit waren die Dreharbeiten beendet.

Wo immer dieses Bild heute hängt, es hat sein lebendes Vorbild bereits nach wenigen Jahren überlebt und wird altersIos altern mit einem Hauch von Unsterblichkeit. Wie sagte Andy Warhol einst: »People are so fantastic. You can't take a bad picture«.

Im »Nonni«-Land

Die Trauminsel in den exotischen Phantasien meiner Kindertage war noch nicht Ibiza, Sizilien oder Madagaskar. Das Inselparadies meiner Träume wurde Island, als ich die Abenteuer des kleinen »Nonni« aus Möðruvellir in den Büchern von Jón Svensson gelesen hatte: Dieses Eiland aus Feuer und Eis, nahe am nördlichen Polarkreis, nach einer alten Sage der versteinerte Rücken der sagenhaften Midgardschlange mit hunderten kochenden Geysiren, 30 aktiven Vulkanen, Gletschern, Wasserfällen, Höhlen, geheimnisvollen Geistern, Elfen und Trollen, kleinen Pferden – nur Nicht-Isländer nennen sie Ponys – Schafherden, die wie langsame, weiße Wellen über das Grün und die moosbedeckten Lavafelder der Landschaften gleiten. Das einfache Leben auf dem Lande, der abenteuerliche Alltag der Fischer und Schiffer auf hoher See, all das war eine so aufregend andere Welt, in die ich mich als kleiner Junge, der noch nicht einmal das Schwäbische Meer gesehen hatte, beim Lesen sehnsüchtig hineingeträumt hatte.

Viele Jahre später, meine abgegriffenen *Nonni*-Kinderbücher von damals waren längst verschwunden, entdeckte ich zufällig ein Exemplar bei einem Antiquar in der Stuttgarter Calwerstrasse im Schaufenster, *Nonni und Manni*. Natürlich kaufte ich das Buch. Beim erneuten Lesen kam mir der Gedanke, man könnte doch einen interessanten Fernsehfilm über jene ferne, unbekannte Insel machen, über Land und Leute, die Nachkommen von Wikingern und die strenge, einsame Natur, wo das Wetter täglich und stündlich mehrfach wechseln kann. Sonnenschein, Wolkenberge, Regengüsse, Windstöße, Hagelschauer, alles in rascher Folge – für Mitteleuropäer ein ungewohntes Naturschauspiel.

Ich versuchte, meinem damaligen Fernsehdirektor Horst Jaedicke das Thema Island als interessanten Film schmackhaft zu machen. Er war nicht gerade begeistert. Diese karge Insel war für ihn eher negativ besetzt wegen der kalten, feuchten Tiefdruckgebiete, die von dort immer wieder auf den europäischen Kontinent drücken. Ich gab das geplante Projekt nicht auf und argumentierte mit zwei großen Namen, die den Film schmücken würden. Auf Island lebte damals ein Schriftsteller mit der weltweit höchsten Auszeichnung, der Literaturnobelpreisträger Halldór Laxness und als reizvoller Kontrast die amtierende Miss World als schönste Frau des Jahres. Die großen Namen überzeugten, das Filmprojekt wurde genehmigt. Ich nahm sofort telefonischen Kontakt zu den beiden prominenten Inselbewohnern auf. Sie zeigten sich bereit, bei den geplanten Dreharbeiten mitzuwirken. Also buchte ich für erste Recherchen, Vorgespräche und Drehorte Flug und Hotel. Endlich würde ich das Island meiner Kinderträume mit eigenen Augen sehen.

Doch ausgerechnet, als im Jahr 1986 der Abreisetag kam, war Island, die geologische Sollbruchstelle zwischen amerikanischem und europäischem Kontinent, im Ausnahmezustand. Zu einem Ost-West-Gipfel weilten gerade die Präsidenten der UDSSR und USA mit ihrem Gefolge in Islands Hauptstadt Reykjavik. Die gesamte Weltpresse war angereist, und das hatte Folgen. Auf dem Stuttgarter Flughafen sagte man mir bedauernd, mein gebuchter Flug sei wegen des Gipfels kurzfristig gecancelt. Schließlich gelang es doch noch, auf Umwegen über Hamburg und Oslo mit reichlich Verspätung spät abends in Reykjavik mit einer Propellermaschine zu landen. Ein Taxi war am Flughafen Keflavìk nicht aufzutreiben, doch ein freundlicher Isländer nahm mich mit in mein Hotel. Die Wege sind kurz in der kleinen Hauptstadt. Auch im Hotel bedauerte die Dame an der Rezeption, alle reservierten Zimmer seien für den Gipfel noch bis zum nächsten Tag kurzfristig storniert und für die Staatsgäste und Journalisten requiriert worden. Ich stand quasi auf der Straße, fröstelnd am nördlichsten Ende der bewohnten Welt.

Ich ging an die Hotelbar, um meinen Ärger zu betäuben. Dort war multikulturell die Hölle los mit diskutierenden Journalisten aus aller Herren Länder. Sie erholten sich trinkfreudig vom Gipfelstress, der eben zu Ende war. Die Präsidenten Reagan und Gorbatschow befanden sich bereits auf dem Rückflug nach Washington und Moskau. Zufällig entdeckte ich im dichten Tabakdunst einen guten alten Bekannten, den Kollegen Peter Staisch, der seinen Gipfelbericht bereits in seine Reiseschreibmaschine getippt und an die Heimatredaktion gefaxt hatte. Ihm erzählte ich mein Flug- und Hotelpech. »Kein Problem«, sagte er, schon leicht angesäuselt, »du kannst bei mir pennen auf dem kleinen Sofa in meinem Hotelzimmer, ich fliege sowieso in aller Herrgottsfrühe zurück nach Germany. Two more whisky please.«

Der Abend war gerettet. Es wurde sehr spät in der Bar, bis wir ziemlich schwer auf Peters Hotelzimmer gingen, die Türe stand halb offen. Mein Begleiter lachte, er habe sie letzte Nacht einfach aufgedrückt, weil er den Schlüssel nicht mehr ins Schloss gebracht habe, seinen Promillegehalt bei dieser Sachbeschädigung konnte ich mir in etwa vorstellen. Drinnen war ein ziemliches Durcheinander von Hemden, Hosen, Socken, auf dem Tisch eine fast leere Whiskyflasche, eine schottische Nobelmarke. Mein Kollege schlug vor, sie gemeinsam vollends zu leeren, um fünf Uhr in der Frühe müsse er auf den Flieger. Als er dann schlaflos seine Habseligkeiten in den Koffer gestopft und sich verabschiedet hatte, warf ich mich auf sein ungemachtes Bett und schlief bis in den späten Morgen, als ich vom Room-Service geweckt wurde und ein frisches Zimmer beziehen durfte.

Zum Mittagessen war ich bereits beim Nobelpreisträger Halldór Laxness in sein einsames Landhaus eingeladen. Ein Taxi war wieder zu bekommen und brachte mich zu der wohl jedem Isländer bekannten Adresse, eine gute halbe Autostunde von Reykjavik entfernt. Ich wurde vom Hausherrn und seinen beiden sehr attraktiven Töchtern freundlich empfangen. Als Gastgeschenk hatte ich aus der Heimat zwei Flaschen schwäbischen Trollinger mitgebracht. Beim Aperitif lernte ich den elegant gekleideten, charmanten und faszinierenden alten Herrn etwas näher kennen. Wir unterhielten uns auf Englisch, das sprechen die meisten auf der Insel. Ihre Muttersprache aus dem alten Westnordischen versteht kein Ausländer, sie wird noch so gesprochen wie seit Urzeiten, ohne jedes Fremdwort, alle neuen Begriffe werden verständlich umschrieben, also sozusagen islandisiert.

Das von den Laxness-Töchtern gekochte Menu wurde serviert und stilvoll arrangiert. Ich durfte den besten Lammbraten meines Lebens genießen. Zu Recht haben isländische Lämmer, wie auch die dort gefangenen Lachse, kulinarischen

Weltruf. Angenehm gesättigt, plauderte ich mit Halldór Laxness bei Kaffee und Kuchen noch lange über Island, seine wechselvolle Geschichte seit der Besiedlung durch irisch-schottische Mönche und norwegische Piraten, über die Nazizeit, den ungeliebten jedoch einträglichen Militärstützpunkt der Amerikaner, soziale Fragen und natürlich über ihn selbst und seine in Stockholm geadelte Literatur, seinen Weg vom Katholizismus zum Sozialismus, über die allgegenwärtigen Geister auf der Insel und vieles andere mehr. Beim Abschied verabredeten wir uns für ein Fernsehgespräch über diese Themen bei den geplanten Dreharbeiten zu unserem »Großen Abend Island«. Dieser Besuch wurde auch die Keimzelle für einen Spielfilm, den der SDR später nach einer Romanvorlage von Halldór Laxness auf Island produziert hat: *Das Fischkonzert*.

Abends war vom Produktionsleiter eine Begegnung mit der amtierenden Miss World arrangiert, Linda Pétursdóttir. Nahezu alle Frauennamen auf Island enden mit »dottir«, Tochter. Man traf sich in einem reizvollen kleinen Fischrestaurant, ich hatte einen Blumenstrauß für die Schönheitskönigin besorgt. Eigentlich hätte ich gleich zwei mitbringen sollen, denn zu meiner Überraschung war auch noch eine isländische Ex-Miss World gekommen, Hólmfriòur Karlsdóttir. Sie war im Jahr 1984 die Schönste gewesen. Diese beiden Damen saßen dann beim Essen zu meiner Rechten und meiner Linken, so viel Schönheit an einem Abend in nächster Nähe war mir noch nie vergönnt gewesen. Aus den charmanten Tischgesprächen erfuhr ich, dass die Frauen das starke Geschlecht auf Island sind, was in der Tradition der Insel begründet liegt. Die Männer fuhren seit Generationen jahraus jahrein zur See zum Fischen und Wale fangen. Die Frauen mussten sich um alles kümmern, den Haushalt, die Kinder, die Tiere. Das habe wohl zum Selbstbewusstsein, aber auch zur Attraktivität der Isländerinnen beigetragen, erfuhr ich aus dem hübschen Mund der Miss World zu meiner Rechten. Ich freute mich schon, dieses emanzipierte Frauenbild später in unserer Sendung den deutschen Zuschauern zu vermitteln und war gespannt auf den weiteren Verlauf des Abends.

Als wir nach dem charmanten Meeting aufbrachen, wollten mir die schönen Misses noch das Szenelokal von Reykjavik zeigen, eine exotische, importierte Gastronomieoase. Dort war es brechend voll, doch mit meiner reizvollen Begleitung wurde auch ich eingelassen, zu meinem Erstaunen in das Ambiente einer echten Berliner Eckkneipe. Wie ich erfuhr, hatte der Besitzer Jahre zuvor in Berlin studiert und war am Prenzlauer Berg täglicher Stammgast in einem solchen Lokal gewesen. Als er nach dem Studium wieder zurück ins heimatliche Island musste, wollte er diese liebgewordene Berliner Gewohnheit nicht missen. Er hat sich dort umgehört und eine etwas heruntergekommene, aufgelassene Eckkneipe ausfindig gemacht. Der Isländer erwarb das gesamte Inventar, Täfelung, Tresen, Regale, Gläser, Geschirr, Lampen, ließ alles ausbauen, einpacken, in einen Container verladen, nach Island verschiffen und im Erdgeschoss des elterlichen Hauses eins zu eins wieder einbauen. Dann eröffnete er sein Lokal mit Berliner Flair als Nebenerwerbsbetrieb, der prächtig florierte. In Island ist es übrigens üblich, parallel zwei oder gar drei verschiedene Jobs zu haben.

Die exportierte Berliner Eckkneipe hatte in Reykjavik nur einen gravierenden Mangel, auf Island durfte damals in einem solchen öffentlichen Lokal kein alkoholisches Bier ausgeschenkt werden. Es galt dort eine Art Prohibition, wohl um die Trinkfreudigkeit der Insulaner zu zügeln. Doch was wäre eine Berliner Eckkneipe ohne richtiges Bier? Der Wirt machte aus der Not eine Tugend. In die Mitte seiner Kneipe stellte er einen Kupferkessel, gefüllt mit alkoholfreiem Bier. Die Gäste brachten kleine Schnapsfläschchen mit, die man als Erwachsener in einem konzessionierten Geschäft gegen Vorlage eines Ausweises kaufen konnte, und leerten sie in den Kessel, so bekam der alkoholfreie Gerstensaft die begehrten Promille. Davon haben auch wir reichlich genossen, mit entsprechend stimulierender Wirkung. Beim Einschlafen summte ich die Melodie eines alten Liedes über ein anderes Eiland: »Es gibt kein Bier auf Hawai, es gibt kein Bier …«

Als ich mich von der Insel verabschiedete, wurde ich mit einem isländischen Brauch vertraut gemacht. Jeder, der aus dem Rest der Welt auf Island landete, sollte auf dem Flughafen im Duty-free-Shop einen Kasten Bier erwerben und als Gastgeschenk mitbringen. Auf dem Airport gab es normales Bier, also mit Alkohol, und das in Hülle und Fülle, in vielen Sorten und Marken. Schon beim Warten auf den Abflug war die kleine Halle für viele Isländer eine willkommene Gelegenheit, sich das eine oder andere Fläschchen zu genehmigen, so mancher stieg nicht völlig nüchtern in den Flieger, um jenseits der Westmänner-Inseln Richtung Festland zu düsen.

Dass ein geografisch zwar kleiner, wenn auch geologisch nicht zu unterschätzender Berg auf dem südlichen Island ein Vierteljahrhundert später den gesamten Flugverkehr über großen Teilen Europas für Tage zum Erliegen bringen und über Wochen behindern würde, konnte noch niemand ahnen. Der Gletscher-Vulkan Eyjafjallajökull galt vor dem Ausbruch seit Generationen als friedlich schlafender Riese unter ewigem Eis. Dennoch ist unvergessen ein Vulkanausbruch, dem anno 1783 mehrere tausend Isländer zum Opfer gefallen sind.

Solche Vulkane lassen ahnen, wie vor Millionen Jahren unsere Erde entstanden ist. Viele Inselbewohner sehen sie jedoch als Tore zur Hölle, die vom Teufel befeuert werden.

Als wir zu den Dreharbeiten wenige Wochen später wieder nach Reykjavik flogen, wurde unser Team mit reichlich Duty-free-Bier für die isländischen Mitarbeiter und Gastgeber deren Erwartung auf potenten Gerstensaft vollauf gerecht. Vielleicht war dieser ein Stimulans und gutes Omen für die gelungene Sendung »Gipfel, Geister und Geysire«. Sie gefiel auch dem zunächst skeptischen gewesenen Fernsehdirektor und stiftete sogar noch eine deutsch-isländische Ehe. Ein Kollege aus unserem deutschen Team verliebte sich während der Dreharbeiten in die jüngere der zwei schönen Töchter von Halldór Laxness. Später haben die beiden geheiratet und wurden ein glückliches Paar, und wenn sie nicht gestorben sind …

Rolf, ein Kollege und Freund

Die meisten Kollegen im Sender nannten ihn nur Rolf oder gar Rolfle, weil er immer so stark schwäbelte. Er war über Jahre mein Lieblingskameramann, ein etwas untersetzter, kreativer, kauziger, schlitzohriger Typ, allen Freuden des Lebens fröhlich zugetan. Bei unseren Dreharbeiten hat er immer wieder originelle Ideen beigesteuert, und er lieferte mit seiner »Arri«-Filmkamera brillante Bilder. Mit der Zeit wurde aus dem Kollegen ein Freund.

1972 kam Rolf eines Tages aus Mittelamerika von einer Reportage über das katastrophale Erdbeben von Managua zurück. Die Hauptstadt von Nicaragua war nur noch ein Trümmerfeld, Tausende mussten dort grausam sterben. Es waren bittere, unvergessliche Tage auch für die angereisten Journalisten und Fernsehteams aus aller Welt. Während jener Dienstreise verbrachte Rolf anschließend noch einige erholsamere Tage im Nachbarstaat El Salvador. Dort drehte er ein Porträt der deutschen Botschafterin, die zuvor eine verdiente Mitarbeiterin eines Spitzenpolitikers der SPD in Bonn gewesen war. Eine Frau als Repräsentantin der Bundesrepublik in anderen Ländern und Kontinenten war damals noch eine Besonderheit.

Zurück in Stuttgart berichtete Rolf im Fernseh-Casino uns Kollegen von seiner aufregenden Zeit zwischen Karibik und Pazifik, natürlich von den katastrophalen Zerstörungen und der trostlosen Situation der Erdbebenopfer. Ganz Zentralamerika mit seiner besonders gefährlichen geologischen Lage und diversen Vulkanen werde immer wieder von kleinen und großen Beben heimgesucht. Nach ein paar Viertele seines geliebten Trollingers erzählte er von einer ganz anderen Erinnerung an seine Reise. Er zog ein Foto aus der Brieftasche, das eine hübsche, junge Frau mit exotischem Maya-Einschlag zeigte, Esperanza. Auf die Rückseite hatte sie als Herzensgruß geschrieben »tus corazón«. Rolf übersetzte es mit »Dein ist mein ganzes Herz« und schwärmte in höchsten Tönen von ihr. Er verschwieg auch nicht, dass sie zwar in einem Bordell in der Hauptstadt San Salvador gearbeitet habe, dennoch ein faszinierendes Wesen sei. Sie hätten sich spontan ineinander verliebt und, obwohl sie sich kaum verständigen konnten, zusammen unvergessliche Stunden verbracht. Nun ja, dachte ich, Ähnliches habe ich schon manchmal von Rolf gehört und versuchte, ihn bei einem weiteren Glas Wein wieder in den profanen Fernsehalltag zurückzuholen.

Während wir zusammen unsere nächsten Storys drehten, kam Rolf wieder und wieder auf eben jenes Mädchen aus San Salvador zu sprechen und betrachtete verträumt ihr Foto, das schon ganz abgegriffen war. Ob er die Schöne einmal angerufen oder ihr geschrieben habe, fragte ich. Nein, er hatte weder Adresse noch Telefonnummer, er wusste nur, dass sie Esperanza hieß. Auch an den Namen des Freudenhauses, wo er ihre Liebesdienste genossen hatte, erinnerte er sich nicht mehr.

Abends, nach Ende der Dreharbeiten bereits etwas angeheitert, verstieg sich Rolf bei einem weiteren Viertele zu einer seltsamen Vision: Wenn er überraschend in San Salvador wieder aufkreuzen und sich in den Innenhof jenes Freudenhauses setzen würde, wo er Esperanza kennen gelernt hatte, und sie würde auf ihren High-heels die Treppe herunterstelzen und ihn dort entdecken, würde sie mit einem Lustschrei quer über den kleinen Hof fliegen, auf seinem Schoß landen und ihn küssen, puff! Irgendwie war ich beeindruckt von seinem kuriosen Liebestraum und sagte nur so zum Spaß, wir beide könnten doch einfach zusammen dorthin fliegen und schauen, was passiert. Rolf grinste verschmitzt, überlegte kurz, klopfte sich auf die Schenkel und meinte: »Tolle Idee, könnte von mir sein, das machen wir.«

Gesagt, getan, am nächsten Morgen buchten wir spontan über die Reisestelle des SDR bei Lux-Air einen Billigflug via Bahamas und Florida nach San Salvador. Rolf kontaktierte die Botschafterin, die sich über seinen Anruf und auf ein Wiedersehen freute und versprach, im ersten Haus am Platz, im »Camino Real«, zwei Zimmer für uns reservieren zu lassen. Sein eigentliches Urlaubsziel, jene Esperanza im Rotlichtmilieu, verschwieg Rolf wohlweislich in dem Telefonat. Mit dem spontanen Reiseplan hatten wir Glück, Rolfs Chefkameramann und mein Redaktionsleiter genehmigten uns kurzfristig eine Woche Urlaub. Wir flogen los, diesmal ohne Filmkamera und Mikrofon, zu unserer ersten privaten gemeinsamen Reise.

Als wir nach anderthalb Tagen schließlich auf dem kleinen Flugplatz in San Salvador ankamen, wurden wir zu unserer Überraschung vom Chauffeur der deutschen Botschaft im klimatisierten Dienstwagen, einem Mercedes der S-Klasse, abgeholt und in das Nobelhotel gebracht. Wir fühlten uns beinahe wie Staatsgäste, die Reise fing gut an. Auf der Fahrt vom Flugplatz war mir unterwegs befremdlich aufgefallen, dass alle Männer, die außerhalb der Stadt an den Straßen entlang gingen, eine blanke Machete ausgestreckt in der Hand hielten. An der Hotelrezeption übergab uns der Chauffeur noch eine Einladung, auf Büttenpapier mit Bundesadler, zu einer Welcome-Party am nächsten Nachmittag im Garten der deutschen Botschaft, speziell für uns arrangiert, er werde uns abholen. Vermutlich verirrten sich eher selten deutsche Staatsangehörige in jenes kleine, ferne Land, unser Besuch war also eine willkommene Abwechslung für die Botschaft im eintönigen diplomatischen Alltag jenseits des Atlantiks.

Wir schliefen unseren Jetlack aus, die Suche nach Esperanza mussten wir erst einmal zurückstellen und uns auf den Termin in der deutschen Botschaft konzentrieren. Wir staunten nicht schlecht über das, was uns dort erwartete. Ein herrschaftliches Haus hinter mannshohen Mauern, davor ein bewaffneter Posten, der unsere Pässe kontrollierte, salutierte und den Weg, vorbei an einem Emailleschild mit dem Bundesadler, freigab. Die charmante, elegant gekleidete Botschafterin begrüßte uns herzlich. Als Gastgeschenk brachten wir zwei LPs der Beatles mit. Sie führte Rolf und mich in den weitläufigen Garten. Dort duftete es appetitlich nach gegrilltem Fleisch, in den Bäumen gaben exotische Vögel ein kreischendes Konzert. Wir wurden einzeln den zahlreichen Gästen vorgestellt, einem Fremdenverkehrsmanager, Vertretern deutscher Export-Firmen, einer in die Jahre gekommenen russischen Primaballerina, einigen Journalisten, dem Chef einer regionalen Flug- und Reisegesellschaft, einem Herrn in schmucker Uniform, einem katholischen Würdenträger und anderen. Die Hausdame in blauem Kleid mit weißem Schürzchen bot frisch gezapftes deutsches Bier vom Fass an, echtes Münchener »Löwenbräu«. Am Grillbüffet nahm jeder Gast einen großen Teller in Empfang, schwer beladen mit einem ganzen Rinderfilet, eigentlich eine Fleischportion für eine vierköpfige Familie. Rolf und ich prosteten uns zu und ließen es uns schmecken.

Plötzlich wurde es von einer Sekunde auf die andere seltsam still, die Papageien hörten auf zu schreien, die Gespräche verstummten, ein Botschaftsmitarbeiter rannte zur Wasserleitung, drehte den Hahn auf, hielt die Hand in den Strahl und rief: »warm!«. »Untrügliche Zeichen für vulkanische Aktivitäten oder gar ein drohendes Erdbeben, die Vögel spüren es wenige Sekunden früher und verstummen, das Leitungswasser erwärmt sich zuvor spürbar«, erklärte mir etwas nervös mein Tischnachbar. Schon zitterten die Gläser auf den Stehtischen. Ich spürte ein ganz leichtes Beben unter den Füßen und dachte an Managua mit den schrecklichen Bildern aus dem Nachbarland, die Rolf von dort mitgebracht hatte. Mir wurde ganz schön mulmig. Nach wenigen Sekunden war der Spuk auch schon wieder vorbei, die Vögel lärmten wieder. Es war zum Glück nur ein harmloses Beben auf einer unteren Stufe der Richter-Skala, aber man konntte ja nie wissen.

Die Partystimmung wurde danach umso munterer. Rolf und ich waren die Ehrengäste, und das zahlte sich aus. Der Reiseunternehmer lud uns für den nächsten Tag zu einem Rundflug über San Salvador ein. Der Touristenmanager für den übernächsten Tag zu einem Meeting der Schönheitsköniginnen von Mittelamerika in einer noblen Strandanlage am Pazifik. Rolfs Esperanza rückte immer weiter nach hinten in unserem Urlaubskalender. Als wir uns verabschiedeten und bedankten, drückte mir die Botschafterin eine geladene, doch gesicherte Pistole und ein Päckchen Patronen in die Hand. El Salvador sei das Land mit der derzeit höchsten Mordrate weltweit, erklärte sie uns bedauernd, man sollte nicht unbewaffnet unterwegs sein, einen Waffenschein bräuchten wir nicht. Dann fuhr uns der Chauffeur wieder sicher ins »Camino Real«.

Wie auf der Botschaftsparty verabredet, trafen wir am nächsten Morgen den Luftfahrtunternehmer auf dem Flugplatz in seinem Büro, diesmal in Pilotenuniform. Er führte uns in den Hangar zu einer einmotorigen Maschine, einem »Unkrautflieger«. Mit diesem Doppeldecker wurden im Betriebsalltag aus nur wenigen Metern Flughöhe von speziell ausgebildeten Piloten die Zuckerrohr-, Reis- und Maisfelder mit Pflanzenschutzmitteln besprüht. Umweltschutz war dort noch ein Fremdwort. Wir kletterten in den viersitzigen gelben Flieger, schnallten uns fest, rollten auf die Startbahn und hoben ab. Nach einer Runde hoch über der Hauptstadt flogen wir hinüber nach Santa Ana und stiegen auf zu dem mächtigen, aktiven Vulkan, 2831 Meter hoch. Dicht über der Spitze schwebten wir über dem bedrohlichen Berg. Aus seinem Inneren quoll dichter Dampf, es stank penetrant nach Schwefel und faulen Eiern. Dann plötzlich senkte sich unsere Maschine im Sturzflug hinunter in das schwarze Loch des Vulkans. Wir kreisten mehrmals im Inneren des breiten Kegels entlang der steilen, verkohlten Wände tiefer und tiefer. Es wurde fast dunkel und siedend heiß. Mir wurde bei aller Bewunderung der waghalsigen Flugkünste unseres Piloten speiübel. Als wir wieder in die Höhe über den Kraterrand hinausstiegen, setzte plötzlich der Motor aus, der Propeller drehte langsamer, unter uns das brodelnde Magma. Ich ließ einen panischen Angstschrei los, doch der Mann am Steuer lachte nur schallend, drehte sich zu uns um und sagte, er habe den Motor abgestellt. Leise wie ein Segelflugzeug schwebten wir im gemächlichen

Gleitflug zurück zum Flughafen und landeten sicher direkt vor dem Hangar. Ein zwar stressiges, dennoch unvergessliches Flugabenteuer.

Wir freuten uns auf den nächsten Tag. Er würde in Gesellschaft der avisierten schönsten Frauen Mittelamerikas sicher entspannter werden. Der Touristenmanager holte Rolf und mich im Hotel ab und chauffierte uns ans Meer zu einem exklusiven Beach Club der salvadorensischen Oberschicht und Gästen der Nachbarländer. Unterwegs warnte unser Begleiter vor den Tücken der Pazifikwellen an diesem Strand. Wegen der starken Unterströmungen sei es nicht ungefährlich, hier zu baden. Jedes Jahr würden mehrere Dutzend Ertrunkene aus dem Meer gefischt oder an den Strand gespült. Links und rechts neben dem Marmorportal des Clubs stand ein bis an die Zähne bewaffneter Posten und kontrollierte die Gäste, nur Clubmitglieder und ihre Begleitung hatten Zutritt.

Wir wurden eingelassen in eine feudale Strandoase, im Schatten von Kokospalmen gepolsterte Liegestühle und bunte Hängematten über dem heißen, schwarzen Lavasand, vom Meer herüber das rhythmische Rauschen der anbrandenden Wellen, auf einer blumengeschmückten Bühne Schönheit pur, in knappen Bikinis posierten die Misses von El Salvador, Nicaragua, Honduras, Costa Rica und Guatemala für ein Mode-Shooting vor den Fotografen zu den Klängen einer mexikanischen Band. Ein Beach-Boy in folkloristischem Kostüm brachte einen Korb frischer Kokosnüsse, schlug sie mit seiner Machete entzwei und bot die Schalen mit frischer Kokosmilch gegen ein paar Centavos feil. Eine zauberhafte Parzelle Paradies, Urlaub vom Feinsten, jenseits der großen Armut und Hoffnungslosigkeit breiter Bevölkerungsschichten im kleinsten Land zwischen Nord- und Südamerika. So richtig wohl fühlte ich mich in diesem gesellschaftlich doch sehr zwiespältigen Ambiente nicht.

In der drückenden Mittagshitze schlüpften Rolf und ich in die Badehosen und rannten hinunter durch den heißen Sand zum Strand, um uns zu abzukühlen. Kein Mensch war im Wasser, keine Surfer, nur ein paar Kinder bauten Sandburgen unter dem schattigen Hochsitz der Küstenwache. Das Wasser war lauwarm, mutig schwammen wir in die meterhohen Wellen hinein. Sie warfen uns immer wieder zurück an den Sandstrand. Endlich schafften wir es, hinter die Schaumkronen zu tauchen und genossen das Meer und die Brandung.

Als wir uns etwas abgekühlt und ausgetobt hatten, versuchten wir, wieder zurück an den Strand zu schwimmen. Doch wir kamen kaum voran. Bald waren wir erschöpft von der Naturgewalt, mit der uns jede neue Welle hinunterdrückte auf den Meeresgrund in den aufgewirbelten Sand. Wir schafften es kaum, immer wieder hoch zu kommen, um nach Luft zu schnappen, schon kam die nächste riesige Welle und begrub uns unter sich. Wir hätten die Warnung auf der Herfahrt ernst nehmen sollen. Es war unmöglich, wieder ans rettende Ufer zu gelangen, die Unterwasserströmung zog uns immer weiter hinaus. Ich schluckte Unmengen Salzwasser und spuckte es wieder aus. Rolf war ganz plötzlich etwa hundert Meter abgetrieben. Wir riefen uns gegenseitig Mut zu, die Atemluft wurde knapp, wir schrien um Hilfe, aber durch den Lärm der Brandung, den ablandigen Wind und das aufgeregte Geschrei der Möwen hörte uns niemand am Ufer. Unsere Arme, die wir immer wieder verzweifelt und Hilfe suchend aus dem Wasser streckten, blieben von dem Mann der Küstenwache in der dunstigen Gischt unbemerkt.

Zum ersten Mal in meinem Leben hatte ich wirklich Todesangst, doch seltsamerweise keine Panik, im Gegenteil, trotz der körperlichen Anstrengung wurde ich innerlich immer ruhiger. Dabei kam mir die Erzählung eines Arztes über ähnliche Nahtoderfahrungen wieder in den Sinn. Ein seltsamer Frieden kam über mich. Ich dachte an meine Freundin Renate zu Hause, an meinen Vater, wie sie die Todesnachricht aufnehmen würden, auch an die Botschafterin, die den Leichentransport in die Heimat organisieren müsste und an meinen Freund Rolf und seine Esperanza, die er wohl nicht mehr erleben würde.

Ich war so weit, den Todeskampf einfach aufzugeben, als ich in den kurzen Momenten des Auftauchens ein Rettungsboot der Küstenwache auf uns zukommen sah. »Durchhalten!« schrie ich so laut ich konnte in Richtung Rolf: »Durchhalten!«. Man hatte unsere Notlage offensichtlich bemerkt. Nach wenigen Minuten kam das Motorboot mühsam heran, zwei Männer sprangen herunter, festgebunden an langen Leinen und zogen zuerst Rolf, dann mich ins Boot. Erschöpft, aber auch erleichtert fielen wir uns in die Arme und bedankten uns bei den Männern der Küstenwache, die uns zurück ans rettende Ufer fuhren. Als wir wieder festen Boden unter den Füßen hatten, duschten wir uns den Sand aus den Haaren und erholten uns dann rasch im fröhlichen Kreis der exotischen Schönheiten, die von allem nichts mitbekommen hatten. Rolf winkte den Beach-Boy heran und rief »Champagner für alle!«, mit dem wir auf unsere »Wiedergeburt« anstießen. Besser als ein Leichenschmaus, dachte ich.

Unser vorletzter Urlaubstag galt dann endlich dem eigentlichen Reiseziel, der Suche nach Esperanza. Wir weihten den Botschaftssekretär in unser delikates Problem ein und erbaten seine private Hilfe. Wie sich herausstellte, war er, eine rheinische Frohnatur, im Rotlichtmilieu nicht ganz unerfahren. Er besorgte den Dienstwagen und chauffierte uns. Wir klapperten diverse Adressen ab, erstaunlich viele Puffs in dem eher streng katholischen Land. Rolf schüttelte immer wieder den Kopf, hier war es nicht gewesen, dort auch nicht, irgendwann brauchten wir eine Pause und einen Drink, Rolf hatte Lust auf einen Tequila.

Beim nächsten Bordell hielten wir vor einer seltsamen Eingangstüre an. Sie war über und über mit spitzen Nägeln bestückt wie das Brett eines indischen Fakirs oder ein Nagelkunstwerk des »Zero«-Künstlers Günther Uecker. Unser Begleiter klärte uns auf: wenn drinnen ein Bordellbesucher nicht bezahlen will oder Stunk macht, schleppen ihn die Türsteher oder Zuhälter hinaus und werfen den Freier zur Strafe mit brutaler Gewalt gegen die Nageltüre. Wir gingen trotzdem hinein. Es war noch früh am Abend, kein Gast war zu sehen, auch keine käuflichen Damen, nur eine gelangweilte junge Frau telefonierte hinter der Bar. Kaum waren wir ein paar Schritte gegangen, hörten wir ein seltsames Geräusch, ein Schwirren von hellen Stimmchen kam näher. Hinter einem Vorhang strömte ein Dutzend kleiner Mädchen hervor, zehn, zwölf Jahre alt, in kurzen Kleidchen. Sie tänzelten auf uns zu und fassten uns eindeutig an – wir waren in einem Kinderpuff gelandet. Vorsichtig schoben wir die Mädchen beiseite, gingen an die Bar und überlegten, wie wir hier bloß wieder ungeschoren hinauskämen. Rolf hatte die rettende Idee, er orderte »Cola für alle!«, legte einen 50-Colón-Schein auf die Theke, und wir suchten das Weite.

Wieder im Dienstwagen der Botschaft, klapperten wir weiter vergeblich das heruntergekommene Viertel ab. Es wurde langsam dunkel, Straßenlaternen gab es keine in dieser Gegend, es fing an zu nieseln und es herrschte eine melancholische Stimmung. Plötzlich schrie Rolf: »Halt, hier ist es.« Die Scheinwerfer beleuchteten ein hohes, grünes Eisentor mit einer kleinen Glocke. Unser Botschaftsbegleiter bremste scharf und parkte den Wagen am Straßenrand mit Standlicht. Seinen Mercedes wollte er in dieser finsteren Gegend nicht unbeaufsichtigt lassen. Rolf und ich stiegen aus und zogen an dem Glöckchenseil neben der Türe. Ein mürrisch dreinblickender Mann öffnete und winkte uns mit einer Kopfbewegung hinein in einen quadratischen Innenhof mit kleinen Tischen unter einem darüber verlaufenden Rundgang, der zu den Etablissements der Freudenmädchen führte. Am Ende des Karrees befand sich eine steile Treppe nach oben.

Rolf zog sein kleines Esperanza-Foto hervor, zeigte es dem Türsteher und fragte in holprigem Spanisch: »Perdón, dónde Señorita Esperanza?«. Der Mann zeigte wortlos nach oben auf eine der verschlossenen Türen, die Nr. 7. Wir verstanden die Geste, Esperanza sei bei der Arbeit, bediene also wohl noch einen Kunden. Immerhin, sie arbeitete also noch hier. Wir setzten uns an einen der kleinen Tische, bestellten ein Bier, rauchten eine Zigarette und warteten, ich mit inzwischen etwas gemischten Gefühlen über den Sinn unserer Reise. Im Hintergrund spielte ein alter Mann leise Tangorhythmen auf einer Gitarre. Nach einiger Zeit öffnete sich im Obergeschoss die Türe Nr. 7. Ein älterer Herr kam heraus, ohne die Türe zu schließen, streifte sein Jackett über, stieg die Treppe herab und knöpfte dabei seine Hose zu. Dem Türöffner drückte er ein Trinkgeld in die Hand und wurde in die Nacht entlassen.

Kurz darauf kam eine junge Frau aus der noch halb geöffneten Türe Nr. 7 und rückte sich mit einigen Hüftbewegungen ihr rotes Kleid zurecht. Rolf stieß mich mit dem Ellbogen an. Die Frau stelzte auf hohen Absätzen langsam die Treppe herunter, erblickte uns, blieb auf halber Höhe stehen, stieß einen Schrei aus, eilte mit fliegenden Schritten über den Innenhof und landete auf Rolfs Schoß, genau wie er es mir in seiner erotischen Phantasie zu Hause geschildert hatte. Rolf schaute mich strahlend an und sagte nur: »na bitte«. Ich war sprachlos. Rolf stellte mir seine Herzensdame vor, sie entführte ihn, und sie tanzten einen Tango im Nieselregen auf dem matschigen Innenhof.

Anschließend bezahlten wir unser Bier, Esperanza nahm sich für den Rest der Nacht frei und ging mit uns hinaus zum Botschafts-Mercedes. Der Chauffeur, der über dem Lenkrad eingeschlafen war, brachte uns drei ins »Camino Real«. Nach einem Drink an der Hotelbar wollten Rolf, mit seiner Esperanza, und ich auf unsere Zimmer in der 6. Etage. Die Tür zum Aufzug bewachte ein junger Mann von der Guardia moral. Er deutete auf Esperanza und schüttelte den Kopf. Der Sittenwächter erkannte sie als Prostituierte, sie hatte keinen Zutritt nach oben. Wir gingen zusammen nochmals an die Bar, dort hatte auch Esperanza Zutritt. Mit einem ordentlichen Trinkgeld wurde das Problem diskret aus der Welt geschafft. Rolf durfte seine Geliebte zu Fuß über die Nottreppe mit auf sein Zimmer nehmen. Ich verabschiedete mich von den beiden und wünschte eine glückliche Nacht.

Am nächsten Morgen saß ich vor dem Hotel beim Frühstück und wartete geduldig auf Rolf. Es war unser letzter Urlaubstag, mit der Abendmaschine würden wir zurückfliegen. Zum Zeitvertreib kaufte ich eine der Tageszeitungen, die von einem Jungen angeboten wurden. Auf der Titelseite, wie jeden Tag, Fotos von Verbrechen, die am Vortag in El Salvador begangen worden waren, grausame Bilder von Toten und Verletzten. Plötzlich ertönte auf der anderen Straßenseite in einem Café ein Schuss, ein Schrei, ein Mann rannte heraus und raste auf einem Moped davon, Polizeisirenen, Rettungswagen, nach wenigen Minuten war alles vorbei. Niemand auf der Straße schien sich darüber besonders aufzuregen – krimineller Alltag in diesem Land. Daher also die fürsorgliche Pistole der Botschafterin.

Dann endlich kam Rolf, ziemlich verschlafen, setzte sich zu mir und murmelte, Esperanza sei schon nach Hause gegangen. Sie habe eine kleine Tochter, um die sie sich kümmern müsse. Mehr war nicht aus ihm herauszubekommen. Als wir vor der Abreise unsere Rechnung bezahlen wollten, sagte die Dame an der Rezeption, alles sei bereits von der Deutschen Botschaft bezahlt worden. Wir verabschiedeten uns mit einem bunten Rosenstrauß von der Botschafterin, dankten für die großzügige Gastfreundschaft und gaben die Pistole samt Munition zurück.

Die charmante Botschafterin empfahl uns noch als Tagesprogramm, den sehenswerten Friedhof von San Salvador zu besuchen mit seinen prachtvollen Gräbern und Familienkapellen. Es wurde ein wirklich lohnender Abschiedsbesuch. Die vielen lebensgroßen, marmornen Pietás, geschnitzte Kruzifixe, betende Engel, weinende Madonnen, die Mausoleen der Reichen, eine ziemlich süßliche Friedhofskunst, daneben der Armenfriedhof mit verwitterten Holzkreuzen und verwelkten Blumen. Rolf verknipste zwei Filme. Mir kam dabei die Idee, aus einer Collage mit Überblendungen dieser Photomotive für meine nächste »Abendschau«-Hitparade einen kleinen Beitrag als »Lied zum Sonntag« zu gestalten. In einem Musikladen besorgte ich dafür eine Schallplatte mit trauriger Indio-Musik, »Der Wächter des Tales«, ein Totenlied.

Auf der letzten Etappe unseres Rückflugs war Rolf merkwürdig still, sprach kaum noch ein Wort, saß lange nachdenklich auf seinem Fensterplatz, schaute hinunter auf die Wolken über dem Atlantik und schlief schließlich ein. Ganz gegen seine sonstige Gewohnheit trank er keinen Schluck Alkohol. Vielleicht ging ihm auch durch den Kopf, wie nahe er angesichts bebender Erde, glühenden Magmas und über ihm zusammenstürzender Monsterwellen dem Tod gewesen war. Als endlich eine Stewardess den Anflug auf Stuttgart-Echterdingen durchsagte, überraschte mich Rolf mit einer existenziellen Perspektive. Mit ernster Miene verkündete er, er werde sein Leben von Grund auf ändern. Nach seiner bevorstehenden Scheidung und Kündigung als Kameramann beim Fernsehen werde er nach Ibiza auswandern. Dort könne er für deutsche Touristen einen Puff aufmachen oder einen Waschsalon. Mir fehlten die richtigen Worte, alle dagegen vorgebrachten Argumente und Bedenken waren zwecklos: »vergiss es«.

Rolf setzte konsequent und unbeirrbar seinen Plan in die Tat um und ließ mich wissen, dass ihn seine neue Freundin begleiten werde, ebenso sein Kamerakollege und Freund Leo Jamm, ebenfalls mit Partnerin, seinem Hund und einem kleinen Riva-Boot. Rolf belieh sein Mehrfamilienhaus in der Stuttgarter Reinsburgstraße mit einer Hypothek, kaufte mit dem Darlehen im Neckarhafen eine gebrauchte, hochseetaugliche Motorjacht mit zwei Maschinen über 400 PS und machte den Bootsführerschein.

Anfang März 1975 mietete Rolf einen riesigen Tieflader an samt Fahrer, der die Boote, Gepäckcontainer und die vier Umzügler mit Hund von Stuttgart bis Barcelona verfrachten sollte. Von dort wollten sie, so war es geplant, bei guter Sicht und ruhiger See mit ihren zwei Booten auf die Baleareninsel schippern und erst einmal bei Bekannten unterkommen. Vor der Abfahrt am Stuttgarter Hafen zeigte mir Rolf noch strahlend seine Brieftasche, gefüllt mit einem Bündel großer Geldscheine – das Startkapital für Ibiza – und steckte sie in seine Gesäßtasche. Nach feucht-fröhlichem Abschied von Verwandten, Freunden und Kollegen startete der viele Tonnen schwere Sattelschlepper mit fünf Passagieren hupend und winkend Richtung Süden. »Adiós amigos!«, rief Rolf, »wir melden uns«. Auch ich sollte eigentlich mitkommen, nicht als Auswanderer, nur als Reisebegleiter in die neue Heimat, konnte jedoch eine aktuelle Fernsehproduktion nicht absagen und versprach, eine Woche später hinterherzufliegen.

Einige Tage vergingen, ich wartete auf einen Anruf aus Ibiza, Handys gab es noch nicht. Eine Woche war verstrichen, dann zwei, immer noch keine Nachricht. Langsam machte ich mir Sorgen, fragte Kollegen, rief Rolfs Schwester an, ob sie etwas über seinen Verbleib wüsste, nichts. Der Transportunternehmer des Tiefladers sagte, das Gefährt sei noch nicht zurückgekommen, er hätte bereits Nachforschungen anstellen lassen. Schließlich ging ich zur Polizei und schilderte den Fall, man nahm ein Protokoll auf und versprach, sich darum zu kümmern. Nach weiteren Tagen der Funkstille schaltete sich das LKA und sogar Interpol ein, um nach den Verschollenen zu fahnden, vergeblich.

Endlich nach Wochen eine erste Spur. In Barcelona wurde am Hafen der Tieflader entdeckt, er war leer, die Boote verschwunden, auch der Hafenmeister konnte nichts zur Aufklärung beitragen. Man schaltete schließlich gar die US-Flotte im westlichen Mittelmeer ein, keine Spur. Längst war das unbekannte Schicksal der Auswanderer und ihres Fahrers ein Thema in den Medien mit Fotos der Vermissten. Ein gutes halbes Jahr nach ihrem Verschwinden wurden alle fünf wegen Seeverschollenheit für tot erklärt. Für meinen Freund Rolf zündete ich in der Bischofskirche St. Eberhard eine Kerze an und dankte Gott für den glücklichen Umstand, dass ich damals nicht mitgereist war.

Einige Zeit später weckte mich mitten in der Nacht das Telefon, eine Frauenstimme meldete sich nur mit ihrem Vornamen. Die Unbekannte entschuldigte sich für den späten Anruf, doch wisse sie, dass ich ein guter Freund von Rolf gewesen sei, mit dem sie vor längerer Zeit einmal liiert war. Kürzlich habe sie in der Zeitung von einem bekannten Hellseher gelesen, der an Hand von Fotos das unbekannte Schicksal von Menschen lesen könne. Darauf habe sie ihn aufgesucht und ein Foto von Rolf gezeigt, lachend bei Dreharbeiten hinter seiner Kamera. Der Hellseher versicherte, er kenne diesen Mann nicht und wisse auch nichts über ihn. Dann fuhr er mit dem Zeigefinger mehrmals über die Fotografie, schloss die Augen und formulierte in langsamen Worten, was er vor seinem inneren Auge erkannte:

Ich sehe diesen gesuchten Mann, er sitzt an einem runden Tisch vor einem Strandcafé, irgendwo im sonnigen Süden, Italien oder Spanien, fröhlich zwischen zwei jungen Frauen, sie sehen etwas »billig« aus, daneben ein Mann im T-Shirt, die muskulösen Oberarme tätowiert, wohl ein brutaler Typ. Dieser schüttet, unbemerkt von dem gesuchten Mann, etwas in dessen Weinglas. Als dieser ahnungslos daraus trinkt, wirkt er irgendwie benommen. Der Tätowierte zieht ihn hoch und zerrt ihn weg, zu einem Motorboot. Mehr kann ich leider nicht mehr erkennen.

Ich wurde hellwach bei dieser beklemmenden Schilderung, bestärkte sie doch die eine von mehreren Theorien über Rolfs

Verschwinden, dass er samt Gefolge irgendwelchen Verbrechern in die Hände gefallen sein könnte. Meine nächtliche Anruferin begann zu schluchzen, entschuldigte sich, sie trauere Rolf noch immer nach, »er war immer so gut drauf«. Wir verabschiedeten uns, ich setzte mich mit einem Glas Wein auf meine Hochhausterrasse und blieb noch lange wach.

Im Jahr darauf machte ich einige Tage Urlaub auf Ibiza. Für einen Café solo suchte ich vor meinem Lieblingslokal »Mar y Sol« einen freien Platz. An einem kleinen Tisch stand eine Dame auf und sprach mich an. Sie stamme aus Stuttgart und kenne mich aus dem Fernsehen, jetzt lebe sie auf Ibiza, ob ich mich kurz zu ihr setzen wolle. Natürlich wollte ich. Ich war völlig verblüfft, als sie auf meinen vermissten Freund Rolf zu sprechen kam und zu berichten wusste, dass in Spanien vor einiger Zeit eine Publikation über sein Schicksal erschienen sei. Darin habe sie gelesen, dass nach seinem Verschwinden eines Tages am Strand von Ibiza eine Flaschenpost angeschwemmt wurde, eben von jenem vermissten Rolf. Auf einem Zettel mit seinem Namen stand angeblich, dass er nach einem Schiffbruch alleine auf einer winzigen Felseninsel dringend auf Hilfe warte, er habe nichts zu essen und nichts zu trinken, »ayuda!«. Trotz Einsatz von Schiffen und Hubschraubern sei der Absender der Flaschenpost nicht gefunden worden. In einer Buchhandlung erkundigte ich mich nach jenem erwähnten Buch, dort wusste man nichts davon.

Ich habe danach nie wieder etwas über das Schicksal meines Freundes Rolf erfahren, auch als Kameramann habe ich ihn noch lange schmerzlich vermisst.

Stuttgart – Peking – Shanghai – Stuttgart

»Ich sage nur China, China, China«. Diesen seltsamen Satz formulierte einst Bundeskanzler Kurt-Georg Kiesinger nach einem Besuch im Reich der Mitte, es wurden oft zitierte Worte von »Häuptling Silberzunge«. Für sich betrachtet, sagen sie eigentlich nicht viel aus, klingen jedoch irgendwie rätselhaft exotisch. Die Vielfalt an Sprachen, Ethnien, Religionen, Landschaften und Geschichte Chinas kann man in einem vielbändigen Lexikonwerk beschreiben oder eben, pars pro toto, in einem sibyllinischen Satz.

Etwas mehr wusste ich natürlich schon über China und das nicht nur aus meiner kleinen, roten Mao-Bibel mit Worten und Sprüchen des Großen Vorsitzenden, als im Frühjahr 1980 das weltberühmte Stuttgarter Cranko-Ballett zu einer Gastspieltournee nach Peking und Shanghai eingeladen wurde. Ich durfte mit einem Fernsehteam für eine 30-minütige Reportage die Compagnie in der eigens dafür gecharterten Maschine begleiten, das erforderliche Visum im Gepäck. Das einstige Kaiserreich China war hinter Eisernem Vorhang und Großer Mauer damals aus westlicher Perspektive noch so etwas wie eine Terra incognita, Jahre nach der Kulturrevolution und lange vor dem Massaker auf dem »Platz des Himmlischen Friedens« 1989.

Nach einer nächtlichen Zwischenladung zum Auftanken im politisch unruhigen Teheran, wo das Stuttgarter Ballett bereits 1975 gastiert hatte – der Schah war inzwischen abgesetzt und vertrieben, die Ayatollahs an der Macht – erreichten wir nach vielen Stunden Flug endlich Peking. Eine Hauptstadt nicht nur auf einem anderen Kontinent, es war historisch, politisch und kulturell für uns eine andere Welt mit exotisch fremden Lebensformen. Verglichen mit dem heutigen, nacholympischen Peking, einer Wirtschaftsmetropole mit gigantischen Silhouetten von Hochhausfassaden, Hotelketten, Leuchtreklamen, breiten, belebten Straßen und Autoschlangen, hatte die chinesische Hauptstadt damals noch eher den Charakter eines riesigen grauen, staubigen Häusermeeres. Meist flache Bauten, rauchende Schlote, gemächliche Fahrradkolonnen in den Straßen, die Menschen, männlich wie weiblich, alt oder jung, waren einheitlich in blauen, schlichten Anzügen, dem Mao-Look, gekleidet. Es herrschte eine Atmosphäre weit jenseits des europäischen Operettenklischees »immer nur lächeln und immer vergnügt«.

In vorsintflutlich anmutenden Bussen wurden wir am Flughafen abgeholt und in ein passables Hotel verfrachtet. Unterwegs bekamen wir erste Impressionen von Peking, begleitet von fremden, seltsam melodischen Klängen von Flöten und Streichern aus dem kleinen Lautsprecher im Bus über dem Fahrer. Der Blick aus dem Fenster fiel auf Häuser, Zäune und Plakate mit für uns undefinierbaren Schriftzeichen – allein rund 5 000 davon soll es in der nationalen Mandarinsprache geben, erklärte der chinesische Begleiter in etwas holprigem Deutsch durch sein Mikrofon.

Für die nächsten Tage bekam ich mit meinem Team einen eigenen Wagen mit Fahrer gestellt und eine persönliche Dolmetscherin zugeteilt. Frau Wang war rund um die Uhr für uns erreichbar, wohl auch mit dem politischen Auftrag, unsere Dreharbeiten zu überwachen. Sie wiederum war einem Leiter unterstellt, den sie laufend über jeden unserer Schritte unterrichten und konsultieren musste. Gleich am ersten Abend fragte sie mich in perfektem Deutsch, was wir am nächsten Tag drehen wollten, sie müsse es jeweils dem »Leiter« zur Genehmigung vorlegen, und lächelte dabei.

Nach dem ersten Frühstück zogen wir los und drehten in einem Park politisch unverfängliche Tai-Chi-Übungen, Menschen mit seltsamen, uns unverständlichen rituellen Bewegungen in anmutiger Zeitlupe. Einige Passanten blieben stehen und bestaunten uns Langnasen wie Exoten von einem anderen Stern. Dann verfrachtete uns der Fahrer mit Frau Wang ins Theater zu den Proben der Compagnie. Eine Tänzerin verletzte sich durch einen verunglückten Spagatsprung am Oberschenkel. Der mitgereiste Theaterarzt war sofort zur Stelle, kümmerte sich noch auf der Bühne um die Patientin und diagnostizierte eine leichte Zerrung. Nach wenigen Minuten kam ein chinesischer Kollege und bot seine Hilfe an. Er steckte einige dünne Nadeln sorgfältig in die Haut der Tänzerin und drehte die Drähte vorsichtig zwischen Zeigefinger und Daumen. Wie durch ein Wunder war die Tänzerin nach wenigen Minuten wieder fit. Für den Akupunkteur gab es Beifall auf offener Szene, die Probe konnte weitergehen, aus den Lautsprechern wurde Musik zugespielt.

Der Ballettabend wurde ein großes Kulturereignis. Es gab in Peking mit seinen verschiedenen Sprech- und Musiktheatern, vor allem der legendären Peking-Oper, auch eine europäische Tanztradition, die einst von den berühmten Ballets Russes übernommen worden war, erklärte uns Frau Wang. Im Foyer versammelten sich Ehrengäste und Ballettfreunde, sie verneigten sich zur Begrüßung höflich voreinander und lächelten charmant. Ungewohnt für unsere Augen waren auch die großen Spucknäpfe, die überall in den Fluren des Theaters aufgestellt waren und eifrig geräuschvoll benutzt wurden – wie wir erfuhren, eine selbstverständliche Gewohnheit überall in China.

Als sich der Vorhang zu *Romeo und Julia* öffnete, drehte mein Kameramann Dietrich Lehmstedt zwischen den Kulissen einige Szenen für unsere Reportage. Kaum zeigten sich Primaballerina Marcia Haydée und ihr Solopartner Richard Cragun mit eleganten Sprüngen auf der Bühne, raschelte es vernehmlich in den Zuschauerreihen. Manche Besucher packten zum Tanzgenuss ungeniert aus Zeitungspapier ihr mitgebrachtes warmes Essen. Es duftete im Theater nach Fleisch, Fisch, Gemüse und Gewürzen wie in einem China-Restaurant. Hinter mir lautes Schmatzen und Rülpsen zu den romantischen Prokofjew-Klängen, Kunstgenuss auf Chinesisch. Rülpsen beim Essen sei in China ein Ausdruck von Genuss, flüsterte mir Frau Wang zu und sei auch ein Kompliment an den Gastgeber, wenn man zum Essen eingeladen ist. Nach dem letzten Vorhang wollte der Beifall nicht enden.

Im Anschluss gab es ein fürstliches Festmahl der chinesischen Gastgeber mit freundlichen, Völker verbindenden Tischreden über alle ideologische Grenzen hinweg, auf die auch ich entsprechend diplomatisch höflich antworten musste. Das Essen mit Stäbchen war für uns Europäer noch gewöhnungsbedürftig, ebenso der zur Verdauung reichlich gereichte Mai-Tai-Cocktail. Ich solle viel davon trinken, bedeutete mir Frau

Wang, das sei höflich, doch betrunken wirken dürfe man nicht, das wiederum sei ungebührlich, man verliere das Gesicht. Das Lieblingsgetränk der Gastgeber war allerdings das Bier, ein bayerischer Braumeister hatte es vor vielen Jahren in China erfolgreich eingeführt, erfuhren wir von unserer stetigen Begleiterin.

Zum attraktiven Begleitprogramm der Tournee gehörte auch die Besichtigung des Kaiserpalastes in der Verbotenen Stadt und ein Ausflug zu einem der sieben Weltwunder, zur Großen Mauer, unvergessliche Film- und Fotomotive. Natürlich hätten wir gerne auch über den Alltag und die politische Stimmung der Chinesen im Land des Lächelns jenseits des Operettenklischees berichtet, doch das wurde uns, freundlich lächelnd, nicht erlaubt. Immer wieder hieß es »no pictures«, die Kamera musste im Koffer bleiben.

Dann ging die Ballettreise weiter, Richtung Süden nach Shanghai, Chinas Tor zur Welt mit eindrucksvoller britischer Kolonialarchitektur. Im Zentrum bereits eine lebendige, motorisierte Großstadt und Wirtschaftsmetropole mit mehr weltstädtischem Flair als Peking. Wir wurden in einem stattlichen Hotelhochhaus untergebracht. Im klapprigen Fahrstuhl geleitete uns ein Liftboy in Livree auf die entsprechenden Etagen. Während im Theater die Kulissen für das Ballett aufgebaut und eingeleuchtet wurden, durften wir mit dem Ensemble die berühmten Jade-Buddhas bewundern, eine Ballettschule besuchen und eine Bootsfahrt auf dem Huangpu in Richtung der Jangtsekiang-Mündung genießen.

Auch in Shanghai wurde das Gastspiel aus Stuttgart mit *Onegin* und *Romeo und Julia* ein spektakuläres kulturelles Ereignis, Fernsehen und Zeitungen berichteten ausführlich darüber. Beim festlichen Abschiedsessen wurden die Primaballerina und ihr Solopartner mit einer rührenden Geste der Gastgeber überrascht. Auf dem blumengeschmückten Tisch standen hinter den Gedecken von Marcia und Ricky zwei etwa 20 Zentimeter hohe Porträtplastiken der beiden Stars in ihrem Romeo- und Juliakostüm, originalgetreu und filigran nachgebildet aus Butter und in zarten Farben koloriert, Miniaturen wie aus feinstem chinesischem Porzellan. Als Dankesbezeugung verneigten sich Marcia und Ricky gemeinsam mit verschränkten Armen vor ihren kleinen Ebenbildern.

Am nächsten Morgen ging es zurück in die Heimat. Nach dem Packen legte ich für die freundliche Betreuung in meinem Hotelzimmer ein großzügiges Trinkgeld auf den Nachttisch unter den Aschenbecher. Als sich die Compagnie zur Abfahrt vor dem Hotel versammelte, um in die Busse einzusteigen, stand das gesamte Hotelpersonal vom Direktor über die Köche, Kellner Zimmermädchen bis zum Liftboy Spalier, alle winkten mit ihren Taschentüchern. Der Fahrer brachte unser Team mit Frau Wang zum Flughafen. Dort warteten alle gutgelaunt nach der erfolgreichen Tournee mit doch ein bisschen Heimweh auf den Abflug und erzählten sich gegenseitig von ihren exotischen Reiseerinnerungen und den Mitbringseln, die sie besorgt hatten. Ich hatte mir einen kleinen hölzernen Stempel mit meinem Namen in chinesischen Schriftzeichen schnitzen lassen. Dazu gehörte ein rundes Stempelkissen mit roter Tusche. Benutzt habe ich dieses Reiseandenken später nur einmal für die Signatur meines Dankesbriefes an die chinesische Botschaft in Bonn für die diplomatische Unterstützung unserer Dreharbeiten.

Plötzlich dröhnte scheppernd eine Lautsprecherdurchsage durch die Abflughalle. Aus dem für mich unverständlichen Chinesisch hörte ich etwas undeutlich meinen Namen heraus, meinen Vornamen natürlich als »Manfled« ausgesprochen. Irritiert blickte ich Frau Wang an, die bis zum Abflug nicht von meiner Seite weichen durfte. Sie übersetzte, ich solle mich unverzüglich am Informationsschalter melden und brachte mich irritiert dorthin. Ein freundlicher Chinese in Uniform übergab mir ein Briefcouvert von unserem Hotel, darin steckte das Trinkgeld, das ich dort auf meinem Nachttisch hinterlassen hatte. Es sei in China nicht erlaubt, ein solches anzunehmen, die Werktätigen seien gut bezahlt, wurde ich lächelnd belehrt. Offenbar hatte das Reinigungspersonal meinen Obolus systemgetreu und vorschriftsmäßig bei der Hotelverwaltung abgegeben. Vielleicht waren auch heimliche Überwachungskameras in den Zimmern installiert. Jedenfalls schickte mir die Hotelleitung das Trinkgeld unverzüglich auf den Flughafen hinterher. Ich nahm den Briefumschlag und steckte ihn auf dem Rückweg zu unserer Reisegruppe Frau Wang unauffällig in ihre Jackentasche. Sie schaute mich an, zog die Augenbrauen hoch und lächelte dankbar.

Auf dem Rückflug schliefen die meisten nach einem Begrüßungstee ein – Ende einer Dienstreise. Hinter uns lag eine Chinareise mit vielen Facetten und unvergesslichen Eindrücken von Taoismus bis Maoismus, mit so verschiedenen Vorstellungen von einer besseren Welt mit einer strengen Ein-Kind-Politik, China, von dem ich nach dem obligatorischen Jetlack einige Tage später meinen heimischen Fernsehzuschauern in gerade mal 30 Minuten meiner Reportage erzählen konnte. Mehr ließ der verfügbare Sendeplatz leider nicht zu.

Jene Bilder von dem Shanghai 1980 erscheinen aus heutiger Sicht, nach gerade mal 30 Jahren, wirklich wie Motive aus einem vergangenen Jahrtausend – verglichen mit Shanghai heute, mit seinen gigantischen bis zu 400 Meter hohen Hochhäusern, mit der EXPO 2010, mit einer futuristischen Architektur der Pavillons auf dem riesigen Gelände der Weltausstellung unter dem Motto »Better City, better World«. Für eine bessere Welt, eine Welt mit mehr Demokratie und mit politischen Reformen im Einparteienstaat China hat sich der Schriftsteller und Bürgerrechtler Liu Xiaobo engagiert. Dafür wurde er politisch verfolgt und zu elf Jahren Freiheitsstrafe verurteilt. Als er am 10. Dezember 2010 in Oslo mit dem Friedensnobelpreis ausgezeichnet wurde, konnte er diesen nicht entgegennehmen. Der Stuhl von Liu Xiaobo blieb leer, er saß in China hinter Gittern. Seine Ehefrau stand unter Hausarrest – auch ihr, wie zahlreichen anderen Gesinnungsgenossen, wurde die Ausreise nach Norwegen zur Preisverleihung verweigert. Weltweit würdigten die Medien das Ereignis, allerdings nicht in China mit seiner strengen Zensur für seine bessere Welt.

mea culpa

Im Standesbewusstsein jedes ordentlichen Journalisten ist es eine mittlere Todsünde, beruflich einen Fehler zu machen, etwa ein falsches Datum anzugeben, Namen nicht richtig zu schreiben, unkorrekte Fakten zu publizieren oder etwas fehlerhaft zu zitieren. Sicher, nobody is perfect, doch Ungenauigkeiten und Ungereimtheiten im privaten oder beruflichen Alltag sind oft lässlichere Sünden als solche, die in Zeitungen, Hörfunk- oder Fernsehsendungen veröffentlicht werden. Sie bleiben in Archiven auf unbestimmte Zeit erhalten, nachlesbar, nachhörbar, vorwerfbar. Peinlich für jeden Autor, wenn eine Berichtigung oder Gegendarstellung gedruckt oder gesendet werden muss. Anlass für ein schmerzliches mea culpa, wenn nicht gar mehr, einen Rüffel, eine Ermahnung von Vorgesetzten oder gar einen Eintrag in der Personalakte. Glaubwürdigkeit steht auf dem Spiel, frei nach dem Sprichwort: »Wer einmal lügt, dem glaubt man nicht, und wenn er auch die Wahrheit spricht«. Man fühlt sich angreifbar oder der Häme von Kollegen ausgesetzt.

Natürlich war auch ich bemüht, für jede Moderation einer Sendung, jeden Text, den ich dort gesprochen oder geschrieben habe, sauber zu recherchieren oder auch einmal gegenlesen zu lassen. Als studierter Jurist fühlte ich mich der Wahrheit und Wahrhaftigkeit des Wortes besonders verpflichtet, wohl wissend, dass es, vor allem unter Zeitdruck, passieren kann, dass sich ein Fehler einschleicht. Im Rückblick auf Tausende Texte, die ich gesprochen, verfasst oder auch redigiert habe, glaube ich, journalistisch ein einigermaßen reines Gewissen haben zu dürfen – bis auf eine Ausnahme, die mir schmerzlich in Erinnerung geblieben ist, auch wenn sie ein paar Jahrzehnte zurückliegt.

1976 drehte ich das Filmporträt »Der liederliche Rebell« über den von mir sehr verehrten schwäbischen Dichter, Musiker, Chronikschreiber und Journalisten Christian Friedrich Daniel Schubart. Wegen seiner aufrührerischen Publikationen und seines ausschweifenden Lebenswandels musste er auf Order des Herzogs Karl Eugen von Württemberg einige Jahre auf der Feste Hohenasperg über Ludwigsburg in einem winzigen Verlies unwürdig schmachten und frieren. Der Landesvater wollte die »Gesellschaft von diesem unwürdigen und ansteckenden Gliede befreien«. Schubart verbrachte Jahre der Gefangenschaft. Während dieser Zeit wurde am 1. Mai 1786 Mozarts Oper *Figaros Hochzeit* uraufgeführt. Ich erwähnte in meinem Filmtext dieses und andere Kulturereignisse während Schubarts Kerkerhaft, nannte als Ort der Uraufführung jener Mozart-Oper die Stadt Prag – es war jedoch Wien, im Burgtheater. Mit diesem unbemerkten Fehler wurde der Film damals gesendet, als peinliche Kulturschande liegt er so noch heute im Filmarchiv des SWR und unverjährt auf meinem journalistischen Gewissen.

Aufgefallen ist mein journalistischer Faux pas damals Gott sei Dank hoffentlich nur einer Person, die mich eher beiläufig unter vier Augen darauf aufmerksam machte, meinem Fernsehkollegen Gerhard Konzelmann. Er hat sich nicht nur als Nahostkorrespondent und mit vielen erfolgreichen Büchern und Bestsellern einen Namen gemacht, sondern auch immer wieder kritische Kollegen auf den Plan gerufen. Seine eigentliche, eher heimliche Leidenschaft galt jedoch schon immer der Musik. Er hat sogar mit neutönerischen Klängen selbst eine Oper komponiert. *Das Gauklermärchen* nach einem Text von Michael Ende wurde 1988 in Köln uraufgeführt. Nach seiner Pensionierung schrieb Konzelmann noch ein zweites Werk, *Die schöne Lau*, nach Texten des von ihm verehrten Dichters Eduard Mörike.

Viele Jahre später – wir waren inzwischen per du – rief mich Gerhard Konzelmann von seinem Landgut und Alterssitz im Allgäu an. Er sagte zu meiner Überraschung, er würde noch so gerne eine letzte Oper komponieren über ein dramatisches Menschenkind, das, wie einst Schubart, viele Jahre auf adeliges Geheiß, vermutlich aus dem Badischen, in einem kleinen, schmutzigen Kerker gefangen gehalten wurde, das angebliche Findelkind Kaspar Hauser. 1833 ist Kaspar Hauser tragisch gestorben, erstochen von eigener Hand oder gar ermordet?

Gerhard mochte wohl meine Art, Texte historisierend zu formulieren und fragte etwas zaghaft, ob ich ihm eventuell ein Libretto über jenen Kaspar Hauser verfassen könnte. Vielleicht auch noch aus später Dankbarkeit für seine damalige kollegiale Diskretion bei meinem Schubart-Film setzte ich mich an den Computer und begann zu dichten. Sprachlich bewusst etwas antiquiert, in Reimen und Versen, entstand der Text für die *Kummeroper*, *Kaspar Hauser – Rätsel seiner Zeit*, beginnend mit der Inschrift auf seinem bis heute erhaltenen Grabstein:

HIC JACET CASPARUS HAUSER	*Hier liegt Kaspar Hauser*
AENIGMA SUI TEMPORIS	*Rätsel seiner Zeit*
IGNOTA NATIVITAS	*unbekannt die Herkunft*
OCCULTA MORS	*geheimnisvoll der Tod*

Eine dramatische Biografie, sie hat über Generationen Historiker, Adelsforscher, Dichter, Schriftsteller, Komponisten und sogar Filmemacher wie Werner Herzog beschäftigt. Nach einigen Wochen des Recherchierens und Fabulierens überreichte ich dem Hobbykomponisten, als er in seine Stuttgarter Stadtwohnung kam, den fertigen Text. Gerhard blätterte in meinem Libretto, überflog interessiert einige Seiten und bedankte sich begeistert. Nun freue er sich richtig aufs Komponieren. Er und seine Frau luden mich zu Kaffee und selbstgebackenem Apfelkuchen ein. Wir saßen unter einem wandfüllenden Szenenfoto aus seinem *Gauklermärchen* und stießen bei einer Flasche Württemberger Wein auf gutes Gelingen der Komposition seiner tragischen Wunschoper an.

Wenige Wochen später bekam ich einen Anruf aus dem Allgäu, Gerhard Konzelmann sei gestorben, auf seinem Schreibtisch liege mein Libretto neben den ersten Notenblättern seiner Partitur für die Oper. Sie blieb eine Unvollendete, die letzten Worte unvertont:

Lasst mich in den Himmel fahren
zu der Engel sanften Scharen,
nun, in Gottes Namen,
Amen, Amen, Amen …

Bei Gerhards Trauerfeier auf dem Stuttgarter Pragfriedhof – die Familie, viele ehemalige Kollegen und Leser seiner Bücher waren gekommen – widmete ich ihm an seinem Sarg diese

Worte, die ich in meinem Libretto eigentlich dem sterbenden Kaspar Hauser für dessen letzte Reise in den Mund gelegt hatte. Bei der Beerdigung kam mir an Gerhards Grab noch einmal der tote Dichter Schubart in Erinnerung. Ein Gerücht ging nach seinem Ableben um, er sei wohl noch lebendig eingesargt worden. Jemand will noch kurz vor der Beerdigung mehrfach ein leises Klopfen aus dem Inneren des Sarges gehört haben. Man habe ihn nochmals geöffnet, doch Schubarts massiger Körper lag angeblich kalt in regloser Leichenstarre darin. So endete zu dieser Szene mein fehlerhafter Film über den liederlichen Rebellen mit den Worten »… aber die Leute reden viel«. Schubarts journalistischer und literarischer Nachlass steht, in Leinen gebunden, als Gesamtausgabe in meiner Bibliothek bei den schwäbischen Dichtern.

»Ein neues Leben lernen«

Die Jahre 1989/90 folgende waren auch für uns Fernsehmacher interessante Zeiten mit neuen, spannenden Themen. Nach Wende und Wiedervereinigung, Fall der Mauer und Reisefreiheit sollte zusammenwachsen, was zusammengehört, aus Ossis und Wessis in den alten und neuen Bundesländern ein Volk werden. Der Kanzler der Einheit malte blühende Landschaften in der untergegangenen DDR an den Horizont, mit Begrüßungsgeld, günstigem Währungsumtausch und »Soli« finanziert.

Auch wenn wir in Stuttgart beim damaligen SDR bei diesen neudeutschen Themen geografisch etwas im Windschatten der Zeitgeschichte lagen, haben auch wir uns mit Fernsehprogrammen besonders für die neuen Bundesländer interessiert. Bereits vor der Wende hatte ich einige Male in Leipzig das Dokumentarfilmfestival besucht und dabei den DDR-Alltag erlebt. Nun gab ich in der Dokumentarabteilung eine TV-Reihe für das Erste Fernsehprogramm in Auftrag, »Doppelkopf im Ossi-Wessi-Land«, in der verschiedene Autoren jeweils zwei Personen mit gleichen Berufen porträtierten, darunter zwei Bürgermeister, zwei Polizisten, zwei Bauern, zwei Lokalreporter, jeweils einen »von hüben« und einen »von drüben«, wie man immer noch sagte. Diese Reportagen zeigten hautnah noch sehr unterschiedliche Sozialisierungen, Lebens- und Arbeitsbedingungen, Vorurteile, Erwartungen und Hoffnungen im neuen »einig Vaterland«.

Die eindrucksvollste Produktion über jene Zeit, über das Lernen eines neuen Lebens wurde die Langzeitdokumentation »Der lange Abschied von der DDR«. Über fünf Jahre beobachtete der Autor am Beispiel einer Straße, der Jüdenstraße in Weißenfels an der Saale, einer Kreisstadt in Sachsen-Anhalt mit traditioneller Schuhindustrie, den Alltag der Menschen und seine Veränderungen. Kompetenter Filmemacher und Kameramann in einer Person war Dietrich Lehmstedt, er war vor vielen Jahren in eben jener Stadt als Kind aufgewachsen. Die Eltern betrieben ein Büromaterialgeschäft, bevor er sich in den Westen absetzte und schließlich beim Südfunk-Fernsehen einer unserer besten Kameramänner wurde.

Wieder und wieder, zu allen Jahreszeiten und aus besonderen Anlässen, fuhr er in seine alte Heimatstadt und dokumentierte für unseren Film Wechsel und Wandel des Alltags, interviewte alte und junge Anwohner der Hauptstraße, erfuhr Erinnerung und Erleichterung, Hoffnungen, aber auch Enttäuschungen und Zukunftsängste. Während der fünf Jahre dieser Produktion sind manche dort gestorben, auch durch eigene Hand, einer wurde depressiv, andere gingen in den Westen, wieder anderen gelang eine neue Orientierung. Das Straßenbild wandelte sich von Jahr zu Jahr, es kamen eine neue Beleuchtung und bessere Gehwege, brüchige Fassaden wurden restauriert, manche Häuser wurden abgerissen. VW, Opel, BMW und Mercedes verdrängten mehr und mehr die Trabbis und Wartburgs mit ihrem penetranten Zweitaktergestank.

Einige Male habe ich als verantwortlicher Redakteur meinen Autor Dietrich Lehmstedt bei den Dreharbeiten begleitet, um mir auch ein eigenes Bild vor Ort zu machen. Es war schon eindrucksvoll zu beobachten und in Gesprächen zu erfahren, was und wie sich vieles in so kurzer Zeit auf wenigen Metern Ex-DDR veränderte, welche Flexibilität den Menschen bei der nötigen Neuorientierung abverlangt wurde, mit neuen Gesetzen, Parteien, Politikern, einer neuen Währung, Marktwirtschaft statt Sozialismus und vielem anderen. Erschreckend war, und leider immer wieder zu erfahren, wie rasch pfiffige und auch gewissenlose Geschäftemacher vom ehemaligen Klassenfeind aus dem Westen die neuen Landsleute mit deren Unerfahrenheit und Gutgläubigkeit in Finanz- und Wirtschaftsfragen übers Ohr gehauen, mit faulen Immobilienfonds ausgebeutet und dabei eine goldene Nase verdient haben – kein rühmliches Kapitel der deutsch-deutschen Wiedervereinigung.

Ein kleines Kapitel des späteren Films, das ich beim Drehen selbst miterlebte, hat mich am meisten berührt. In unserer Fernsehstraße führte ein alter Mann seit vielen Jahren ein Kurzwarengeschäft noch wie zu Omas Zeiten. In beinahe museal anmutenden Schränken, Regalen und Fächern bot er ein buntes Sortiment an, verschiedene Stoffe, Wolle, Strick-, Näh- und Häkelzeug, Knöpfe, Garne, Nadeln, Gürtelschnallen. Die älteren Frauen der Stadt kamen gerne hierher, nicht nur, um etwas für ihre Handarbeiten zu kaufen, manchmal auch nur, um ein Schwätzchen über dies und jenes zu halten oder um ihrer Seele Luft zu machen. Gesprächsstoff gab es in jenen ersten Nachwendejahren genügend, wenn auch oft nicht sehr erbaulich.

Als wir nach einiger Zeit wieder einmal nach Weißenfels zum Drehen kamen, empfing uns jener alte Kurzwarenhändler ganz verstört und klagte, er müsse sein Geschäft aufgeben, er sei bankrott, gleich kämen Männer, um alles abzuholen. Er stand an seinem Lieblingsobjekt, einem hohen Schrank, und streichelte zärtlich über die vielen, flachen Schubladen mit Glasfensterchen, auf jeder war außen in der Mitte ein anderer Knopf befestigt. Sie waren gefüllt, säuberlich geordnet, mit unzähligen Knöpfen in allen Farben, Größen und Stärken, rund, oval, aus Glas, Perlmutt, Leder, Kunststoff, Metall, mit zwei, vier oder sechs Löchlein zum Annähen. Der Ladenbesitzer schwärmte rührend von dieser einzigartigen Sammlung, er würde sie gerne einem Knopfmuseum übergeben, notfalls sogar verschenken, vielleicht nach Amerika.

Während er noch so redete und in nostalgischen Tönen von seinem vermeintlichen Schatz schwärmte, fuhr ein LKW vor, das Glöckchen über der Ladentüre bimmelte, drei Männer in Arbeitskleidung kamen herein, bugsierten einen Container vor die Ladentheke und begannen, ruckzuck die Regale leer zu räumen. Dietrich Lehmstedt hielt die ganze Aktion mit der Kamera fest, auch als einer der Arbeiter zu dem Knopfschrank kam, den Besitzer wortlos ruppig zur Seite schob, eine nach der anderen Schublade herauszog und mit einem Schwung ihre kostbaren Knöpfe und Knöpfchen achtlos kunterbunt in den Container schüttete und mit anderem »Sperrmüll« nach draußen in den LKW entsorgte. Dem alten Mann kamen die Tränen, er hielt sich die Hände vors Gesicht und verschwand schluchzend in dem kleinen Büro hinter dem Laden. Ein rabenschwarzer Tag für den Mann, für unseren Film immerhin eine bewegende Szene, die mehr zeigte und spürbar machte als ein Einzelschicksal in der ehemaligen DDR. Ein kleines Perlmuttknöpfchen holte ich noch rasch aus dem Container zurück und steckte es mir als

Andenken in die Tasche, dann fuhren die Männer im LKW von dannen.

Nach fünf Jahren war die Langzeitdokumentation sendefähig, zwei Stunden Film über die erlebten Sonnen- und Schattenseiten in einem neuen Bundesland nach der Wiedervereinigung. Am 1. Oktober 1995 wurde die Dokumentation im Ersten Programm gesendet und bekam überregional gute Kritiken, nur die örtliche Presse von Weißenfels war etwas reserviert. Wenige Tage nach Ausstrahlung des Filmes schickte mir der Intendant per Hauspost den Brief einer speziellen Zuschauerin mit der Bitte um Stellungnahme. Er stammte von der Oberbürgermeisterin unseres Drehortes, Gisela Bevier. Sie beschwerte sich offiziell beim SDR, wir hätten mit unserer Darstellung im Fernsehen ihre Stadt bundesweit zu negativ dargestellt und ein schlechtes Image vermittelt. Also überlegte ich, welche Antwort nach Weißenfels ich dem Intendanten vorschlagen könnte und besprach mich mit dem Autor. Dabei kam mir die Idee, das Angebot zu machen, zusammen mit dem Filmemacher und Ex-Weißenfelser Dietrich Lehmstedt, seine Reportage dort, wo sie entstanden war, noch einmal öffentlich zu zeigen und uns gemeinsam der örtlichen Bevölkerung in einer anschließenden Diskussion mit der Oberbürgermeisterin und den Besuchern zu stellen. Der Intendant segnete den Vorschlag ab und gab ihn weiter nach Weißenfels, worauf auch die Bürgermeisterin wissen ließ, dass sie damit einverstanden sei.

Also fuhren wir zum vereinbarten Termin mit etwas gemischten Gefühlen und einer Kassette des Films und waren gespannt auf den bevorstehenden Abend. Wir gaben das Opus delicti im Rathaus ab. In der örtlichen Zeitung entdeckten wir einen Hinweis auf die Filmvorführung am Abend, und da uns noch etwas Zeit blieb, besichtigten wir das mächtig über der Stadt thronende Schloss Neu-Augustusburg. Im Rathaussaal war inzwischen alles für die Filmprojektion vorbereitet, eine große Leinwand aufgebaut, die Vorhänge zugezogen, drei Sessel für die Diskussion auf ein Podium gestellt. Der Raum füllte sich allmählich, der Eintritt war frei, wer jedoch nicht kam, war die Oberbürgermeisterin, die Verursacherin der Veranstaltung. Sie schickte, warum auch immer, ihren Stellvertreter und ließ sich entschuldigen.

Nach einer kurzen Begrüßung gingen im Saal die Lichter aus, »Film ab!«. Immer wieder wurde während der Vorführung getuschelt, manchmal auch gelacht, sogar geklatscht. Als der Abspann gelaufen war, gab es vereinzelt Beifall, auch einige Pfiffe, manche Zuschauer gingen wortlos aus dem Saal. Ich bedankte mich für das große Interesse und eröffnete die Diskussion mit dem Vertreter der Stadt, meinem Kameramann und anschließend mit zahlreichen Besuchern, die sich zu Wort meldeten. Die Beantwortung der Fragen dauerte länger als die zwei Stunden des umstrittenen Films über das neue Leben.

Ohne als Besserwessi dastehen zu wollen, plädierte ich dafür, verständliche lokalpatriotische und politische Befangenheiten zu überdenken und die für manchen Weißenfelser bitteren Szenen des Films pars pro toto für eine gesellschaftlich schwierige Situation der Ex-DDR zu betrachten, den Film als Metapher für einen aktuell verunsicherten Zeitgeist zu akzeptieren. Es gelang mit fortschreitendem Abend, manche Vorurteile zu entkräften und damit vielleicht auch einen optimistischeren Blick in die Zukunft zu öffnen. Ich resümierte, dass das realistische Betrachten der eigenen Situation und einer über Jahre gelebten Gemeinschaft und Tradition zwar unbequem, doch letztlich unausweichlich sei, um vertraute

Erstarrungen zu lösen, wenn nicht alles bleiben sollte, wie es war und ist. Ich beendete die Diskussion mit Bert Brechts These »Denken heißt verändern«. Mit diesem Titel haben wir 1998 zum 100. Geburtstag des Schriftstellers ein mehrteiliges Filmporträt für ARTE und ARD produziert, das im Westen wie im Osten der Republik gewürdigt wurde. Am 3. Oktober, dem Tag der Deutschen Einheit, wurde der Film sogar in Berlin für den Deutschen Fernsehpreis in der Kategorie »beste Dokumentation« für den Goldenen Löwen nominiert.

Nach dem langen Abend in Weißenfels war die allgemeine Stimmung dann doch weitgehend einvernehmlich und versöhnlich. Als Dietrich Lehmstedt und ich etwas erschöpft das Rathaus verließen, sprach uns draußen auf der Straße ein Weißenfelser Bürger an und bedankte sich sogar für den ungeschönt ehrlichen Film, offensichtlich weder ein Jammer-Ossi noch ein notorischer Ostalgiker. Er lud unser Team noch zu einen Drink ein »beim Italiener«, den gab es mit modernem Design, ohne Plaste und Elaste, inzwischen auch schon als gastronomisches Biotop des neuen Lebens in Weißenfels. Man bestellte Pizza, Pasta und Prosecco statt wie zu DDR-Zeiten Broiler mit Sättigungsbeilage, Soljanka und Rotkäppchen-Sekt. So mancher Weißenfelser hatte nach der Wende und Wiedervereinigung die neue D-Mark in Lire gewechselt und seinen Auslandsurlaub bereits vom Plattensee an den Lago Maggiore verlegt oder zu den nostalgischen Klängen von Rudi Schuricke bei Capri die rote Sonne im Meer versinken sehen. Mit der neuen Reisefreiheit stand die Welt allen offen. Nach einigen Gläsern Chianti Classico auf ein neues Wir-Gefühl und überschrittener Polizeistunde verabschiedeten wir uns als letzte Gäste mit »buona notte«, »arriverderci« und »arriverderla« von unserem Weißenfelser Italienfan.

Als wir am nächsten Morgen das Hotel verlassen wollten, hatte unser nächtlicher Gastgeber doch tatsächlich als Andenken an den Besuch in Weißenfels für uns ein Exemplar einer kuriosen Mitgift der neuen Mitbürger an den Westen abgegeben: einen »Grünpfeil«, jenes Schildchen, das an Verkehrsampeln bei Rotlicht das Rechtsabbiegen in der Nachwendezeit auch in den alten Bundesländern erlaubte. Wenigstens damit wuchs etwas zusammen, was zusammengehörte. Den Status als Kreisstadt hat Weißenfels im Jahr 2007 verloren.

da capo …

Kein einfacher Gesprächsgast, munkelten die Kollegen in der Redaktion, als ich 1977 den Schriftsteller Thomas Brasch für die Aufzeichnung einer 45-Minuten-Sendung eingeladen hatte. Soeben war sein Erzählband erschienen *Vor den Vätern sterben die Söhne*, keine erbauliche Literatur. Am Tag vor der Aufzeichnung reiste der Autor an, im SDR-eigenen Parkhotel neben dem Funkhaus war ein Zimmer reserviert. Ich traf ihn noch am späteren Abend unten in der Bar, im »Radiostüble«.

Wir setzten uns ein wenig abseits ins Nebenzimmer unter die kostbaren Glasfenster des Künstlers Hans Gottfried von Stockhausen. Leider konnten wir uns auch dort kaum ernsthaft unterhalten bei dem lauten Reden und Lachen, das aus der viel zu kleinen Bar nebenan herüberdröhnte. Meist war sie gerammelt voll, auch mit SDR-Kollegen und oft interessanten Gästen, die während einer Rundfunk- oder Fernsehproduktion im Parkhotel wohnten oder sich im Kellergeschoss nach einem anstrengenden Drehtag erholten und amüsierten. Viele Prominente kamen damals in die SDR-Studios, Caterina Valente, Loriot, Mary und Gordy, Hans Hass, Samuel Beckett, Dieter Hallervorden, Horst Stern, Stars und Sternchen aus Film, Funk und Fernsehen.

Im »Radiostüble« ging es an jenem Abend wieder einmal laut und lustig zu, der quirlige Barkeeper Luciano hatte alle Hände voll zu tun bei den vielen durstigen Kehlen. Was sich danach manchmal oben auf den Hotelzimmern abspielte, darüber durfte man spekulieren. Es war jedenfalls ein Ambiente, in dem sich Thomas Brasch, ein eher ernsthafter, introvertierter Typ, nicht so recht wohl fühlte. Er zog sich bald zurück auf sein Zimmer. Jenes »Radiostüble« von damals ist inzwischen Legende, das Parkhotel wurde abgerissen und musste einem modernen SWR-Betriebsgebäude für Redaktionen und Studios weichen, nur die kostbaren Glasfenster wurden gerettet.

Mit Thomas Brasch war ich am nächsten Morgen auf der ruhigen Hotelterrasse mit Blick in den Park zu einem Vorgespräch für unsere Sendung zum Frühstück verabredet. Wir unterhielten uns über sein neues Buch, die schwierige DDR-Vergangenheit, die er gerade hinter sich gelassen hatte, seine Erwartungen in der Bundesrepublik und die Arbeit für den Suhrkamp-Verlag. Unser Gespräch sollte das erste Interview des Autors in der neuen Heimat jenseits der Mauer werden.

Solches Herantasten an eine Person vor einem Interview ist immer etwas heikel. Man möchte das spätere Studiogespräch nicht vorwegnehmen, die Spontaneität des Gastes erhalten, auch manche, etwas heikle Themen eher noch nicht ansprechen und sich dennoch einen fundierten Eindruck von seinem Gegenüber verschaffen. Thomas Brasch und ich verstanden uns recht gut und verabschiedeten uns bis zum Nachmittag im Studio 3. Für die freie Zeit bis zur Aufzeichnung empfahl ich meinem Gast bei seinem ersten Besuch in Stuttgart eine aktuelle Ausstellung in der Staatsgalerie oder eine Besichtigung der Weißenhofsiedlung auf dem Killesberg.

In der Maske beim Schminken trafen wir uns wieder und gingen danach gemeinsam ins Studio. Dort waren unsere beiden gegenüberstehenden Sessel bereits eingeleuchtet, dazwischen stand ein kleiner Couchtisch, darauf eine Flasche Wasser, zwei Gläser und natürlich das Buch von Thomas Brasch. Ich stellte meinen Gast den Kollegen vor, wir setzten uns und wurden vom Toningenieur verkabelt. Nach kleinen Lichtkorrekturen, einer Kamera- und Mikrofonprobe leuchtete das Rotlicht an Kamera 1. Auf ein Zeichen des Aufnahmeleiters begann das Gespräch.

Wir redeten und redeten, ich versuchte, in der vorgeschriebenen Dreiviertelstunde die Fragen meines Konzeptes abzuarbeiten, natürlich über Literatur, auch über Braschs Erfahrungen in der DDR und die Gründe, sie zu verlassen. Der Aufnahmeleiter gab mir immer wieder Zeichen auf einem kleinen Zettel zur verbleibenden Redezeit, noch 20 Minuten, dann 10, 5, noch 1 Minute für das Schlusswort. Schließlich winkte er ab, geschafft, die Scheinwerfer gingen aus, wir durften aufstehen. Aus der Regie bekamen wir die Anweisung, noch kurz zu warten, bis die Magnetaufzeichnung geprüft wurde, »ob alles drauf ist«. Wir vertraten uns etwas die Beine nach dem langen, konzentrierten Sitzen und waren ganz zufrieden mit unserem Gespräch. Es dauerte ungewöhnlich lange, bis wir entlassen werden sollten.

Mir kam die Stimmung im Studio etwas merkwürdig vor. Der Aufnahmeleiter setzte immer wieder nervös den Kopfhörer auf und sprach leise in sein Mikro. Dann kam der Studioregisseur die Treppe herunter und sagte mit verlegener Stimme, von unserem Gespräch sei kein Ton auf dem Band, kein einziges Wort, die MAZ, eine Zwei-Zoll-Magnetaufzeichnung, habe versagt und nur die Bilder der Kameras aufgenommen. Das war der Supergau, die ganze Arbeit umsonst. Wie peinlich, das Gespräch war zwei Tage später zur Sendung eingeplant, in Programmzeitschriften ausgedruckt, Pressemitteilungen waren verschickt ... Ich bat den Aufnahmeleiter, das Studio für alle Fälle noch »warm« zu halten und vorsorglich eine funktionierende MAZ zu organisieren.

Ziemlich frustriert und ohne abzuschminken ging ich mit Thomas Brasch hinaus in den Park der Villa Berg, um erst einmal durchzuatmen und eine Zigarette zu rauchen. Eigentlich hatten wir beide keine Lust, das bereits Gesagte noch einmal in Mikrofon und Kamera zu sagen, die Neugierde des Moderators und die Antworten des Befragten schienen uns verbraucht. Thomas Brasch sagte noch, auch ein Maler würde dasselbe Bild nicht noch einmal malen. Wir gingen also hinüber ins Casino und tranken erst einen Prosecco und dann noch einen. Das inspirierte uns wohl zu der Idee, das Gespräch doch noch mal einmal im Studio zu versuchen, allerdings ganz anders, frei von der Leber weg, was uns gerade so einfiel. Es müsse ja nicht unbedingt gesendet werden.

Also gingen wir für ein da capo zurück ins Studio. Die Crew lümmelte gelangweilt herum, ein Kabelhelfer saß auf meinem Sessel und blätterte in Thomas Braschs Buch. »Alles auf Anfang«, verkündete ich optimistisch, »wir probieren es ein zweites Mal, tertium non datur«. Die Maskenbildnerin wurde gerufen und schminkte uns nach, ein Studiohelfer füllte die Gläser auf, wir setzten uns, die Scheinwerfer gingen an, »MAZ ab!«. Ich holte tief Luft und stellte zum zweiten Mal die erste Frage.

Es wurde ein völlig anderes und deutlich entspannteres Gespräch als zuvor. Thomas Brasch formulierte diesmal eher literarisch und tiefsinnig, als mehr biografisch und faktisch zu erzählen, stellte überraschend auch Gegenfragen. Manchmal flocht er in seine Antworten ein »wie ich bereits erwähnte«, was sich auf das verflüchtigte Gespräch bezog und lächelte dabei verschmitzt. Es war eine lockere dreiviertel Stunde vor den Kameras, als die Scheinwerfer wieder erloschen. Das Magnetband wurde sorgfältig geprüft, diesmal hatte es alles aufgezeichnet, Bild und Ton, es war sendefähig. Ich bedankte mich, ließ mir von Thomas Brasch sein Buch signieren und versprach, mit der Honorarabteilung zu reden, um seinen »doppelten Einsatz« auch entsprechend finanziell zu würdigen.

Begegnet sind wir uns leider nicht mehr, ich verfolgte jedoch aus der Ferne seine schriftstellerische Arbeit und erfuhr auch von seinen späteren Alkohol- und anderen Problemen. Als er mit nur 56 Jahren starb, erinnerte ich mich wieder an den Titel seines Buches: *Vor den Vätern sterben die Söhne*.

In Hamburg sind die Nächte lang

Dienstreise nach Hamburg, Rückflug über Bonn. Zur Vorbereitung einer Talkshow, die ich in Stuttgart moderieren sollte, wollte ich zwei der eingeladenen Studiogäste aufsuchen, um diese noch ohne Kamera etwas näher kennen zu lernen. Erstes Reiseziel war Hamburg, in der Hansestadt war ich mit Domenica verabredet. Vom Flughafen fuhr ich im Taxi zum Hotel, checkte kurz ein und dann gleich weiter. Als ich mein Fahrtziel »Herbertstraße« angab, sah ich im Rückspiegel, wie der Taxifahrer grinste. Von allen Rotlichtbezirken der Hansestadt ist die »Herbertstraße« wohl der kleinste und apparteste, eine ziemlich kurze, gerade Straße, grob gepflastert und an beiden Enden mit einem mannshohen undurchsichtigen Zaun abgesperrt, der bereits zu Nazizeiten installierte wurde. Nur eine kleine Türe führt jeweils zum Innenbereich. Links und rechts reihen sich, eng aneinandergebaut, niedrige Häuser, manche mit seltsamen Namen in bunten Neonschriften und roten Teppichen davor, lauter Puffs, eine sehr spezielle Hamburger Parzelle und nicht nur ein Sextouristenziel.

Direkt an der Straße, hinter hohen, bis beinahe hinab zum schmalen Trottoir reichenden Fensterscheiben saßen, erhöht auf Barhockern, mit übergeschlagenen Beinen, knapp bekleidete, grell geschminkte Damen in Hot Pants und Mini-Röcken – Nutten beim »Kobern«. Mit animierenden Worten und zweideutigen Rufen locken sie männliche Passanten an, die den schnellen Sex suchen oder auch nur als Voyeure auf dieser berühmt-berüchtigten Meile flanieren und mal schnell ein Foto machen wollen. Für mich war es eine unbekannte Szene, selbst das berüchtigte St. Pauli, der Kiez, Café Keese, die »Große Freiheit«, das horizontale Gewerbe mit Peep- und Travestieshows waren für mich, jenseits von Beate-Uhse-Läden und harmlosen Sexfilmchen in den Kinos noch eine eher fremde Welt, schwärmerisch besungen von Hans Albers und Freddy Quinn.

In meinem diesbezüglich vergleichsweise pietistisch prüden Stuttgart gab es zwar das Bohnenviertel und das Gerberviertel mit gewissen Etablissements und zwischen Königstraße und Hirschstraße im Bebenhäuser Hof gab es das Dreifarbenhaus, aber auch das kannte ich nur von außen. Dieser Stuttgarter Puff war mir allerdings einmal in meinem früheren Berufsleben auf tragisch-komische Weise begegnet. Damals amtierte ich noch als Notarvertreter und Nachlassrichter in der Stuttgarter Königstraße 19 A. Zu einer Testamentseröffnung war die Familie des Erblassers geladen, alle kamen schwarz gekleidet, die Witwe mit verweinten Augen und zwei erwachsene Söhne so um die dreißig. Nach einer förmlichen Beileidsbekundung verlas ich, etwas andächtiger als bei sonstigen Notariatsgeschäften üblich, die standesamtliche Sterbeanzeige des verstorbenen Mannes. Als ich daraus die vermerkte Sterbeadresse »Bebenhäuser Hof 4« zitierte, machte ich unwillkürlich eine kleine Pause, wusste ich doch als Stuttgarter, dass es sich um das Dreifarbenhaus handelte, der Puff gleich beim Rathaus. Die Witwe fing an zu schluchzen, einer der

Söhne legte den Arm um die Mutter, der andere erklärte, verlegen stotternd, die Situation wie folgt: Dem verstorbenen Vater hatten die Söhne zum 50. Geburtstag einen Gutschein für einen Besuch im Dreifarbenhaus geschenkt. Dort sei er in den Armen einer Nutte an einem plötzlichen Herzinfarkt verstorben. Immerhin war die bedauernswerte Witwe in dem eröffneten Testament zur Alleinerbin ernannt. Trotz des peinlichen Fehltritts ihres Gatten hat sie die Erbschaft angenommen, die schuldbewussten Söhne haben unaufgefordert auf ihren gesetzlichen Pflichtteil verzichtet.

Zurück nach Hamburg. In der »Herbertstraße« arbeitete damals auch die schon fast legendäre Domenica. Sie war mit ihrer irgendwie ganz besonderen Weiblichkeit die wohl berühmteste Vertreterin des Gunstgewerbes weit über die Hansestadt hinaus, und das nicht nur wegen einer aufreizenden Sexualität mit üppigen Formen, sondern eher wegen ihres sensiblen fraulichen Instinkts für männliche Wünsche und Bedürfnisse. Nomen est Omen, schon ihr Name charakterisierte sie, das italienische Wort Domenica bedeutet Sonntag, der heiterste Tag der Woche, und das in den Buchstaben von Domenica enthaltene Wort Domina steht für strenge Herrin. Sie selbst war eine attraktive Mischung aus beidem. So wurde Domenica Anita Niehoff, wie sie mit vollem Namen hieß, auch ein Liebling der Medien. Dichter haben sie schwärmerisch besungen. Ich habe noch die Schlusszeile eines Textes des Schriftstellers Wolf Wondratschek in Erinnerung, der den Eindruck der Bewunderung und die betörende Wirkung ihres Zaubers beschreibt: »... wenn sie mit dem Hintern wackelt, fließen die Flüsse bergauf.«

Mit dieser Domenica war ich zu einem Vorgespräch für die geplante Talkshow in Stuttgart an ihrem Arbeitsplatz verabredet. Bei der entsprechenden Hausnummer in der »Herbertstraße« wurde ich eingelassen, musste jedoch von der Puffmutter erfahren, dass Domenica für diesen Abend frei genommen habe und vermutlich zu Hause sei. Auf meine Bitte hin rief die strenge Dame freundlicherweise dort an. Domenica meldete sich aus der Badewanne, sie habe unseren Termin verschwitzt, käme jedoch in einer halben Stunde in die »Herbertstraße«.

Ich wurde nach hinten gebeten in den Aufenthaltsraum der Damen, in dem sie ihre freie Zeit verbringen, wenn sie nicht mit Kobern oder bei der Arbeit hinter den Vorhängen der Separées beschäftigt sind. Eigentlich sei dieses Zimmer für Männer off limits, aber bei mir als Journalisten mache sie eine Ausnahme, sagte die Chefin. In dem kleinen Zimmer, ausgestattet mit einem großen Tisch in der Mitte, mehreren Stühlen, Kühlschrank, Kaffeemaschine, Kochplatte, Kassettenrecorder und Hausbar, saßen einige aufgetakelte Damen im Bikini, mit Perücken, Netzstrümpfen, langen Stiefeln und anderen Berufsutensilien. Sie tranken oder rauchten still vor sich hin, die Aschenbecher waren voll. Zu ihnen durfte ich mich setzen und warten. Zum Zeitvertreib blätterte ich in den Modemagazinen und Pornoblättern, die überall herumlagen. Ab und zu kam die Hausdame und rief die eine oder andere der Prostituierten beim Vornamen zu einem Kunden. Das Rotlichtmilieu war damals noch nicht so brutal wie heute mit krimineller Zwangsprostitution. Natürlich gab es auch Zuhälter und Luden, aber Aids war noch kein Thema.

Dann kam sie, Domenica. Doch sie war nicht die Erscheinung, die ich erwartet hatte, die ich von Fotos kannte. Sie war ungeschminkt, die noch nassen Haare streng zurückgebunden, in unauffälliger Straßenkleidung, keine besonders sexy

Figur. Domenica hatte eine charmante, eher mütterliche Ausstrahlung, die auch mich auf den ersten Blick beeindruckte. Sie entschuldigte sich für die Verspätung, und wir setzten uns an den Tisch zu ihren Kolleginnen. Frisch von der Leber weg erzählte sie bei einigen «Prösterchen» aus ihrem beruflichen Alltag, von der familiären Atmosphäre und Kollegialität in der erotischen Schutzzone der «Herbertstraße», aber auch von manchen persönlichen Skrupeln und ihrem sozialen Engagement in der Szene.

Der erotische Genius loci inspirierte Domenica, über das älteste Gewerbe der Welt, seit den Hetären im alten Griechenland, zu erzählen, von Konkubinen, Geishas, Kurtisanen, Maitressen, Dirnen, Freudenmädchen, Nutten, Zuhältern und Luden bis hin zur legendären Kollegin »Nitribit« mit ihrem flotten roten Mercedes-Cabrio-Flitzer, deren Leben und tragisches Ende später mit Nina Hoss als *Das Mädchen Rosemarie* eindrucksvoll verfilmt wurde. Alles in allem erfuhr ich ein Kapitel erotischer Kulturgeschichte aus berufenem Mund. Auch das Spektrum der Freier, von frustrierten Ehemännern, Transsexuellen und perversen Sadisten kam zur Sprache, inklusive einiger Zoten und nicht ganz stubenreiner Sprüche bis hin zu traurigen Kapiteln der eigenen Biografie und Schicksalen von Kolleginnen, die sich umgebracht hatten. Es wurde ein richtig interessanter, amüsanter aber auch nachdenklich stimmender Abend. Nebenbei machte ich mir immer wieder Notizen für das spätere Fernsehgespräch in Stuttgart, schließlich war ich nicht zu meinem privaten Vergnügen nach Hamburg gereist.

Plötzlich stand die Hausdame wieder unter der Tür und sagte halblaut zu Domenica, ein Freier verlange nach ihr, ein Stammgast, er lasse sich nicht abwimmeln und sei extra von auswärts angereist, um speziell von ihr bedient zu werden. Trotz ihres freien Tages erklärte sich Domenica achselzuckend bereit, ihn zu befriedigen. Sie entlieh sich Schminkzeug und passende Berufskleidung von einer Kollegin und entschuldigte sich, sie sei bald wieder zurück.

Mit den verbliebenen Damen ging unsere Mini-Party heiter weiter, aus dem Kassetten-Recorder klang »It's now or never«. Die telefonisch bestellte Suppe und Pizza wurde per Fahrrad angeliefert. Die »Herbertstraße« ist autofreie Zone, übrigens auch ein frauenfreier Bezirk, wo als weibliche Personen nur die Gunstgewerblerinnen geduldet, andere Geschlechtsgenossinnen dagegen übel beschimpft werden. Nach etwa einer halben Stunde kam Domenica zurück und lächelte achselzuckend, »Kundendienst«. Es wurde so bumsfidel, dass selbst Mädels, die nach ihrer Schicht Feierabend hatten, sitzen blieben und mir als harmlosem Hahn im Korb allerlei anzügliche Anekdoten aus ihrem beruflichen Alltag zum Besten gaben. In dem fensterlosen Hinterzimmer bemerkte ich nach einigem Alkoholgenuss nicht mehr, wie die Zeit vergangen war, und dass es draußen bereits langsam hell wurde.

Irgendwann schaute ich auf die Uhr und erschrak. Es war kurz vor fünf, um 7 Uhr ging meine Frühmaschine nach Köln zu meinem nächsten Termin in Bonn. Ich wollte meine Zeche bezahlen, die Damen winkten freundlich ab, ich war eingeladen. Eine von ihnen zwinkerte mit den Augen und sagte mir leise ins Ohr: »Es wäre auch noch mehr möglich gewesen ...«. Mit Domenica sprach ich noch einmal rasch den Termin für ihren Fernsehauftritt in Stuttgart ab und schrieb ihn auf meine Visitenkarte. Dann nichts wie Tschüs und los, ab mit dem Taxi ins Hotel. Dort holte ich meinen unausgepackten Koffer aus dem nicht benutzten Zimmer, bezahlte die Rechnung für die schlaflose Nacht und erreichte noch in letzter Minute meinen Flieger.

Auch in der kleinen Lufthansa-Maschine nach Köln fand ich kaum Schlaf und ließ bei einer Tasse Kaffee die unvergessliche Nacht in der »Herbertstraße« Revue passieren. Ein Taxi am Flughafen brachte mich weiter nach Bonn zum Verteidigungsministerium. Dort war ich um 11 Uhr mit Minister Manfred Wörner zum zweiten Vorgespräch meiner Dienstreise verabredet. Nach Personen- und Passkontrolle und telefonischer Rückfrage begleitete mich ein Wachmann nach oben in das Vorzimmer des Ministers. Meine Reisetasche musste ich zuvor, entsprechend den Sicherheitsvorschriften, gegen Quittung in Verwahrung geben. Für mich, dem der Grundwehrdienst erspart geblieben war, eine fremde Welt, lange, lautlose Flure, vorübereilende Männer mit Aktenstapeln, manche in Uniform, manche salutierend.

Ich wartete, geplagt von Katzenjammer, todmüde und unrasiert. Auf die Minute pünktlich 11 Uhr wurde ich vorgelassen, der Minister erhob sich lässig-elegant hinter einer »Tizio«-Designerleuchte von seinem Schreibtisch und kam mir freundlich lächelnd entgegen. Ich bemerkte wohl, dass er mich etwas kritisch von oben bis unten musterte und stammelte etwas verlegen, ich sei an diesem Vormittag bereits aus Hamburg angereist und sei sehr früh aufgestanden ... Mein schwäbischer Landsmann unterbrach mich, klopfte mir verständnisvoll auf die Schulter und sagte in heimischem Akzent: »Lieber Herr Naegele, i glaub', Sie brauchet erscht amol an starke Kaffee, in Hamburg sind die Nächte lang.« Ich nickte.

Dankbar nahm ich das Angebot an. 30 Minuten seiner kostbaren Ministerzeit in Zeiten des Kalten Krieges hatte sein Pressechef für mich reserviert, eher zu kurz für ein anregendes und freundliches Gespräch zwischen dem Verteidigungsminister und einem »Ungedienten«. Ich erzählte ihm, dass ich zwar mit »tauglich zwei« gemustert wurde, jedoch nie einen Einberufungsbescheid erhalten und nicht als Staatsbürger in Uniform gedient habe. »Das haben Sie sicher verschmerzt«, erwiderte augenzwinkernd der Chef der Bundeswehr. Als ich mich nach überschrittenen 30 Minuten verabschieden wollte, war Manfred Wörner so wohl gelaunt, dass er mir noch ein Gläschen von seinem Lieblingsgetränk anbot, »für die Heimreise«. Ich war gespannt, hatte jedoch nach der durchzechten Nacht wenig Lust auf Alkohol. Manfred Wörner holte, beinahe andächtig, eine schwere, weiße, opake Flasche ohne Etikett mit zwei Schnapsgläsern aus einem verschlossenen Schrank und goss jedem einen kräftigen Schluck ein. Es war Mai Tai, ein chinesischer Cocktail mit undefinierbarem, sehr herbem Aroma, ein Gemisch aus braunem Rum, Cointreau, Apricot Brandy, Limette und Mandelsirup. Für mich schmeckte diese fernöstliche Alkoholmixtur abscheulich, irgendwie faulig und ranzig, was ich mir natürlich nicht anmerken ließ. Wir stießen auf das Gelingen der verabredeten Talkshow an, zu der er gerne kommen werde: »Gambe!« – »zum Wohl!«.

In Stuttgart gab es bereits ein China-Restaurant auf der Königstraße. Dort besorgte ich gleich am nächsten Tag eine Flasche »Mai Tai« und schickte sie, sicher verpackt, als Dankeschön für den freundlichen Empfang persönlich und vertraulich dem Verteidigungsminister nach Bonn. In seiner späteren beruflich wie privat nicht immer glücklichen Biografie dürfte Manfred Wörner vielleicht manchmal Trost gesucht haben bei meinem »Mai Tai«, ins Deutsche übersetzt: »Nicht von dieser Welt – das absolut Beste«.

Aber auch Domenicas schillernde Rotlichtkarriere verblasste, der Medienrummel war flüchtig, machte sie zwar weit über Hamburg hinaus bekannt, brachte ihr jedoch privat kein Glück. Schon eine frühe Ehe mit einem Bordellbesitzer war gescheitert, ihr Mann hat sich erschossen. Mit 45 Jahren stieg sie aus dem Gunstgewerbe aus. Eine Bar, die sie eröffnete, reüssierte nicht. Sie kümmerte sich durch den Aufbau einer Hurenhilfe aufopfernd um drogenabhängige junge Mädchen, die auf den Strich gingen. Domenica hatte selbst eine schwierige Kindheit gehabt, war zeitweise in einem Waisenhaus untergebracht gewesen. Schließlich erschienen noch ihre Memoiren *Körper mit Seele – mein Leben.*

Mit 63 Jahren starb die notorische Kettenraucherin an einer Lungenkrankheit, verarmt und vereinsamt in Hamburg – noch einmal ein willkommenes Thema nicht nur für die Boulevardpresse. Als sich zur Beerdigung der Trauerzug feierlich durch die schmale »Herbertstraße« drängelte, fielen plötzlich feine, sanfte Tropfen vom Himmel. »Es war, als ob dort die Engel um sie weinten«, so beschrieb es einer ihrer schwärmerischen Verehrer, der ehemalige Box-Weltmeister im Federgewicht René Weller aus Pforzheim, in der einschlägigen Hamburger Szene, besonders in der legendären »Ritze«, der »schöne René« genannt. Auch über ihn habe ich, in seinen noch besseren Tagen, ein Fernsehporträt in Auftrag gegeben.

»Mein« Intendant und »mein« Direktor

Meine ersten und auch die meisten Berufsjahre beim Süd-funk-Fernsehen fielen in die Ära eines Intendanten, der mir bis heute in besonders angenehmer und respektvoller Erinnerung geblieben ist, Professor Hans Bausch. Seine Karriere hat er als Journalist bei einer Zeitung in der Provinz begonnen. Jahre später hat er in Stuttgart als Intendant des SDR Pressefreiheit und journalistische Unabhängigkeit gegenüber politischen Einflüssen verteidigt, öffentlich-rechtliche Programmqualität hat er erwartet und ermöglicht. Nicht selten wurde ich von manchen Kollegen aus anderen ARD-Anstalten um »meinen« Intendanten und unser journalistisch-liberales Betriebsklima im Stuttgarter Sender beneidet.

Dabei war Hans Bausch als Intendant alles andere als ein bürokratischer oder gar unnahbarer Chef. Jenseits seines Intendantenalltags war er auch ein Freund der Kultur, vor allem die Musik förderte er im Programm, Radiosinfonieorchester, Südfunkchor, Schwetzinger Festspiele, Erwin Lehn mit seiner Big Band bis hin zu Jazzfestivals mit Wolfgang Dauner und vielen anderen. Auch die bildende Kunst lag ihm am Herzen, der österreichische Künstler Egon Schiele war sein Lieblingsmaler. Unter Bauschs Ägide erfuhren zeitgenössische Künstler dadurch Unterstützung, dass ihre Arbeiten vom SDR angekauft wurden und für Mitarbeiter und Besucher das Funkhaus schmückten. Hans Bausch liebte bekanntlich einen guten schottischen Whisky, und er konnte den Damen charmant Komplimente machen.

Ein besonderer Tag für seine Mitarbeiterinnen und Mitarbeiter war jedes Jahr der legendäre Südfunk-Fasching am Rosenmontag, noch im alten Funkhaus in der Neckarstraße 145. Dort, wo sonst ernsthaft journalistisch gearbeitet und gesendet wurde, durfte bis in den Morgen in Kostümen und Masken auf mehreren Ebenen ausgelassen gefeiert und getanzt werden. Jeder hatte an diesem Tag unangemeldet Zutritt ins Zimmer des Intendanten und konnte Hans Bausch einmal hautnah quasi privat erleben. Auf seinem Schreibtisch sollen sogar an einem Rosenmontag einmal die Funkenmariechen getanzt haben, ein Tag der offenen Tür auch für manche Nichtmitarbeiter. Noch eine Tradition haben alte SDR-Kollegen in nostalgischer Erinnerung: An jedem ersten Werktag eines neuen Jahres ging der Intendant durch alle Räume des Senders und wünschte jedem der dort arbeitenden Kolleginnen und Kollegen ein gutes, erfolgreiches und gesundes Jahr – Tempi passati.

Zwei berufliche Begegnungen mit Intendant Bausch sind mir noch nach vielen Jahren in besonderer Erinnerung geblieben. Am 2. Juni 1971 erschien die *stern*-Ausgabe Nr. 24 mit der Titelgeschichte »Wir haben abgetrieben«. Dazu bekannten sich 374 Frauen öffentlich, darunter Romy Schneider, Senta Berger und Alice Schwarzer, eine Provokation, für viele ein Skandal, ein Aufschrei ging durch die Nation. Auf dem *stern*-Cover war sogar eine Fotoserie mit Frauenporträts abgebildet. Sie alle forderten eine Streichung des § 218 Strafgesetzbuch unter dem Motto »Mein Bauch gehört mir«. Mit dieser mutigen Aussage wollten sie einen Beitrag zu der Diskussion über die Abschaffung dieser strengen Rechtsnorm leisten, die seit 1871 bis zu fünf Jahren Freiheitsstrafe vorsah. Für die Gleichberechtigung von Frau und Mann, für Emanzipation und Selbstbestimmung des weiblichen Geschlechts kämpfte dann auch Alice Schwarzer unerschrocken mit selbstbewusster Frauenpower in ihrer *Emma*. Jahre später verklagte sie sogar den *stern* und bezichtigte ihn des Sexismus.

Als jener *stern*-Artikel zu § 218 erschien, war er *das* Tagesthema, natürlich auch sofort ein Thema für die »Abendschau«. Die Wahl des Autors für einen aktuellen Beitrag dazu fiel ausgerechnet auf mich, wegen meines ersten juristischen Staatsexamens, bestimmte Redaktionsleiter Ulrich Kienzle. Natürlich war mir bewusst, dass dies ein ganz besonders heikles Thema war. Bei aller persönlichen Sympathie für eine Reform des § 218 StGB war ich als Journalist um eine objektive Darstellung der kontroversen Diskussion bemüht, machte in diversen Interviews das Für und Wider deutlich. Der *stern* kam zu Wort, Frauen die sich dort geoutet hatten, juristische und medizinische Aspekte, die Position der katholischen Kirche vertrat der Bischof der Diözese Rottenburg vor der Kamera.

Als ich mit seinem Fernsehinterview zurück in der Redaktion war, kam ein Anruf vom Sekretariat des bischöflichen Ordinariats, seine Exzellenz würde mich noch gerne einmal persönlich sprechen. Ich erklärte mich natürlich bereit, sei zwar im Stress, doch er möge gerne kommen. Um Gottes willen, dachte ich, als ich den Hörer auflegte, das war natürlich ein Faux pas, ich hätte anbieten sollen, nochmals im Ordinariat in Rottenburg zu erscheinen. Kaum eine Stunde später stand jedoch Bischof Moser mit einem Begleiter und einem freundlichen »Grüß Gott« höchstpersönlich, zivil gekleidet vor meinem Schreibtisch. Wir setzten uns und diskutierten noch einmal sein Interview und konnten uns darauf verständigen, seine Stellungnahme, so wie er sie bereits vor der Kamera abgegeben hatte, zu belassen. Anschließend ging ich in den Schneideraum und machte meinen Film fertig. Der Redaktionsleiter schaute den Bericht zweimal kritisch an und nahm ihn, mit geringfügigen Änderungen meines Kommentartextes, ab. Mit knapp 10 Minuten ging der damals längste »Abendschau«-Beitrag auf Sendung.

Am nächsten Morgen, vor der täglichen Sitzung, rief mich Redaktionsleiter Ulrich Kienzle zu sich und machte die Türe hinter uns zu. Mit ernster Miene verkündete er, es gebe allerhöchsten Ärger. Intendant Hans Bausch, Fernsehdirektor Horst Jaedicke, Chefredakteur Emil Obermann, er selbst und bitteschön auch ich sollten sich gleich um 11 Uhr im Ansichtsraum wegen meines Filmes vom Vorabend treffen, so die Anordnung eines dringenden Anrufs aus der Intendanz. Mir war ganz schön mulmig zumute vor diesem ungewöhnlichen Termin. Da ich nur ein lässiges T-Shirt angezogen hatte, entlieh ich in der Kostümabteilung rasch ein Jackett, damit ich einigermaßen seriös in dieser hochrangigen Runde erscheinen konnte.

Als Punkt 11 Uhr alle vollzählig waren, gab es nur eine knappe Begrüßung, dann setzte man sich. Es wurde dunkel und mein § 218-Bericht, den nicht alle Anwesenden abends zuvor live im Programm gesehen hatten, wurde auf die große Leinwand projiziert. Danach ging das Licht im Vorführraum wieder an, der Intendant stand als erster schneidig auf und sagte apodiktisch streng nur den einen Satz: »das ist übler Boulevard-Journalismus« – Schweigen. Der Fernsehdirektor lehnte sich erst einmal nachdenklich auf seinem Sitz zurück, der

Chefredakteur blickte verlegen auf den Boden, ich dachte, das war's mit meiner journalistischen Karriere beim SDR. Doch dann stand Redaktionsleiter Kienzle auf und verteidigte den Film ausführlich und journalistisch differenziert. Er selbst habe den Beitrag sehr gewissenhaft abgenommen und finde ihn sorgfältig durchdacht mit allen Facetten der problematischen Thematik. Dann kam noch etwas völlig Unerwartetes, als Kienzle mit bestimmter Stimme hinzufügte, er wolle den Intendanten noch davon informieren, dass die Redaktion diesen Film ans »Magazin der Woche« schicken werde. Das war damals eine Sendung des Hessischen Rundfunks, sonntags im Ersten Programm, in der jeweils die interessantesten Beiträge der vergangenen Woche aus den Regionalprogrammen der ARD-Anstalten wiederholt wurden. Ich dachte, der Intendant würde gegen dieses Ansinnen entrüstet protestieren und verärgert eine Wiederholung unseres Filmes untersagen. Doch er sagte mit seiner etwas schnarrenden Stimme wiederum nur einen Satz: »Sie können sich denken, was ich davon halte«, verabschiedete sich und hinterließ betroffene Gesichter.

Dieser knappe Dialog zwischen Hans Bausch und Ulrich Kienzle, zwischen Vorgesetztem und Mitarbeiter, hat mir imponiert, journalistisches Selbstbewusstsein an der Basis einerseits und Toleranz in der Führungsetage andererseits. Vielleicht ist der Intendant, ein bekennender Katholik, mit seiner internen Kritik auf diese Weise diplomatisch einem vermutlich spontan geäußerten episkopalen Unmut aus Rottenburg gerecht geworden. Inhalt und Machart meines Filmes könnte dort einem offiziellen katholischen Denken mit strengem kanonischem Recht missfallen haben. Vorehelicher, außerehelicher Geschlechtsverkehr, Schwangerschaftsverhütung waren ein Tabu. Abtreibung galt seit 1869 wie in frühchristlichen Zeiten als Mord. Überhaupt war die Stellung der Frau, auch Generationen nach den letzten grausamen Hexenverbrennungen noch frühem katholischem Denken verhaftet, als es hieß »mulier taceat in ecclesia«, die Frau hat in der Kirche zu schweigen. Frauen durften zwar Ordensschwestern, doch nicht Priesterinnen werden. Sogar Ministranten bei der Heiligen Messe mussten über Jahrhunderte männlichen Geschlechts sein. Enthaltsamkeit und Zölibat blieb der Geistlichkeit vorgeschrieben, unkeusches Tun und Denken musste gebeichtet werden, doch sexueller Missbrauch von Priestern an Minderjährigen wurde in Kirchenkreisen sorgsam verschwiegen. Kirchen haben auch ihre Schattenseiten, hat ein Bischof später eingeräumt, als solche Sünden in Kirchen, Klöstern und Pfarrhäusern ans Tageslicht kamen und Papst Benedikt XVI. dazu einen Hirtenbrief verfasste, in dem er allerdings zunächst nur den irischen Geistlichen mit pastoralen Worten die Leviten las. Aus Rom kam nur ein zögerliches mea culpa der katholischen Kirche.

Mein umstrittener § 218-Film wurde, trotz der vernichtenden Kritik des Intendanten, zum HR nach Frankfurt überspielt und am folgenden Sonntag, dem katholischen »Tag des Herrn«, im Ersten Programm wiederholt. Das strenge staatliche Abtreibungsrecht wurde nach vielen Diskussionen später deutlich gemildert, und auch die katholische Kirche ist mit wechselnden Päpsten in manchen Frauenfragen etwas toleranter geworden. Als ich nach einiger Zeit bei einer Veranstaltung Bischof Moser wieder begegnete, war er erstaunlich freundlich zu mir. Er hatte wohl dem in seinen Augen kirchenkritischen Journalisten vergeben und ohne Ablass Absolution erteilt.

Eine andere Situation ist mir in lebhafter Erinnerung. Es war die Nacht nach Mogadischu, als die RAF-Häftlinge im Hochsicherheitstrakt der Justizvollzugsanstalt Stuttgart-Stammheim tot aufgefunden wurden. Ich erfuhr davon frühmorgens aus den Rundfunknachrichten. Da ich beim SDR-Fernsehen für die RAF-Berichterstattung zuständig war, griff ich, noch im Schlafanzug, sofort zum Telefon, rief beim Justizministerium an und bat um einen Interviewtermin mit Minister Bender zu dem dramatischen Vorfall. Mit dem Wort »Nachrichtensperre« wurde ich kurz abgefertigt und konnte gerade noch sagen, ich würde mich wieder melden. Natürlich hatte ich Verständnis dafür, dass sich die beteiligten Behörden zunächst ein Bild der Ereignisse verschaffen mussten. Ich zog mich rasch an und fuhr in den Sender. Eine Stunde später – dieselbe Auskunft. Beim dritten Anruf wieder kein Erfolg, ich war sauer. Nach Rücksprache mit der Redaktion kündigte ich an, dass ich um 12 Uhr mittags mit einem Fernsehteam vor dem Ministerium erscheinen würde, um dort für die nächste Ausgabe der »Tagesschau« in die Kamera zu sagen, dass zu diesem Thema, an dem die gesamte Weltpresse interessiert sei, beim zuständigen Ministerium Funkstille herrsche. Kurze Zeit später kam ein Rückruf, auf 12 Uhr sei eine Pressekonferenz im Staatsministerium anberaumt, der Justizminister würde dort den Journalisten Rede und Antwort stehen.

Beim Südfunk beschloss die Geschäftsleitung kurzfristig, diese Pressekonferenz live im Dritten Fernsehprogramm zu übertragen. In aller Eile wurde die entsprechende Ü-Technik organisiert. Das kleine Sitzungszimmer im »Stami« war überfüllt mit Journalisten, die nach einer Eilmeldung bei dpa von überall zu der Pressekonferenz herbeigeeilt waren. Als auf

Nachfragen einige Details der Selbstmorde bekannt wurden, stellte ich im Eifer der Wortgefechte die Frage: »Herr Minister, was muss noch passieren, dass Sie endlich zurücktreten?« Dass dies journalistisch nicht political correct war, wurde mir sogleich bewusst. Eine solche Frage wäre eher der Stil einer Oppositionspartei in einer politischen Debatte. Zu spät mein Gewissensbiss, wir waren live auf Sendung, jedes Wort wurde übertragen. In der baden-württembergischen CDU habe ich mir damit keine Freunde gemacht, das bekam ich einige Male zu hören. Allerdings nicht von Justizminister Bender persönlich, als ich ihn später wieder traf, und den ich aus anderen Begegnungen durchaus schätzte. Auch im Sender gab es offiziell keine negative Reaktion aus höherer Instanz auf meinen falschen Übereifer.

Monate später traf ich bei einer SDR-internen Veranstaltung unseren Intendanten. Wir redeten kollegial miteinander über Programm, über dieses und jenes. Zum Schluss unseres Gesprächs bemerkte er ganz beiläufig, die Frage an den Justizminister, die ich mir in jener Pressekonferenz im Staatsministerium erlaubt hatte, hätte er als Journalist so nicht gestellt. Mehr sagte er dazu nicht. Ich nickte nur schuldbewusst zu dieser diskreten Kritik.

Zum letzten Mal erlebte ich Hans Bausch aus nächster Nähe, als er einen seiner gelegentlichen Redaktionsbesuche in der von mir geleiteten Hauptabteilung »Kultur und Gesellschaft« machte und engagiert mit den Kolleginnen und Kollegen über unser Programm diskutierte. Für ein abschließendes Gespräch unter vier Augen hatte ich eine Flasche von seinem 12 Jahre alten schottischen Lieblingswhisky besorgt. Als er sich verabschiedete, war sie noch knapp halb voll. So blieb sie als »Bausch-Bottle« noch jahrelang unangetastet in meinem Bücherregal in der Redaktion stehen. Zu seiner Pensionierung habe ich sie mit einigen Kollegen geleert, »ad multos annos« in seinem wohl verdienten Ruhestand

Bei der Verabschiedung in den Ruhestand am 31. Dezember 1989 wollten wohlmeinende Kollegen aus den oberen Etagen des Senders dem Kunstfreund Hans Bausch ein besonders originelles Geschenk überreichen; sie hatten sich ein Gemälde ausgedacht. Der bekannte Stuttgarter Kunstfälscher Konrad Kujau wurde beauftragt, die Kopie eines Männerbildes von Egon Schiele anzufertigen, eine großformatige Selbstdarstellung des Künstlers. Auf der Kopie sollte Kujau jedoch Schieles exzentrische Züge auf Wunsch der Auftraggeber durch das seriöse Gesicht von Hans Bausch nach einer Fotovorlage ersetzen. Mit seinem seriösen Kunstverständnis hat der scheidende Intendant dieses, zwar originell gedachte, dennoch in seinen Augen fragwürdige Geschenk souverän dankend ausgeschlagen. Das verschmähte Bild hat später der Kollege, der die kapriziöse Idee dazu hatte, in seinem eigenen Arbeitszimmer aufgehängt, als tägliches visuelles Gegenüber und Andenken an seinen früheren Chef.

In der Rückschau war mir von den vier Intendanten, die ich während meiner Fernsehzeit erleben konnte, Hans Bausch am nächsten. Jahre nach seiner Pensionierung kam die Fusion von Südfunk und Südwestfunk, zwei Sender und zwei Bundesländer konnten sich nach langen, schwierigen Verhandlungen einigen. Der SWR hat nach dem Tod von Hans Bausch postum einen begehrten Media-Preis ausgelobt und nach ihm benannt – ein würdiges, ihm gemäßes Andenken an den souveränen und prägenden Intendanten in einer politisch, gesellschaftlich und kulturell schwierigen Zeit der Um- und Neuorientierung der Medienwelt.

Beim Schreiben dieser Zeilen über »meinen« Intendanten hörte ich plötzlich in den Abendnachrichten am 17. Mai 2010 »Horst Jaedicke ist gestorben, der ehemalige Fernsehdirektor des Süddeutschen Rundfunks, er wurde 86 Jahre alt.« Trotz des biblischen Alters, das ihm vergönnt war, hat mich die Todesnachricht doch sehr berührt. Immerhin hatten wir über 15 spannende und spannungsreiche Jahre beim SDR zusammen gearbeitet, und ich hatte ihm beruflich viel zu verdanken, »meinem Fernsehdirektor«. Er war ein Fernsehmann der ersten Stunde, bereits 1952 bis 1954, als er die erste Nachrichtensendung des Deutschen Fernsehens in Hamburg mit aus der Taufe hob. Fünf Jahre später wurde er Fernsehdirektor beim Süddeutschen Rundfunk in seiner Heimatstadt Stuttgart und hat dem noch jungen Medium öffentlich-rechtliches Profil in allen Programmsparten verschafft mit Fernsehmachern und TV-Stars wie Michael Pfleghar, Heinz Huber, Willy Reichert, Johannes Heesters, Peter Frankenfeld, Loriot, Kurt Felix, Horst Stern, Samuel Beckett, Lilo Pulver, Hans Hass, Caterina Valente, Dieter Hallervorden, Harald Schmidt, Kommissar Bienzle, Matthias Richling, Mary und Gordy und vielen anderen. Die langjährige und ideenreiche Leiterin des Familienprogramms, Dr. Elisabeth Schwarz, hat ihren verehrten Direktor treffend einmal wie folgt charakterisiert:

25 Jahre lang hatte er die Programmentwicklung in der Hand. Ideen, Mut und Neugierde waren gefragt, kühne Flops erwünschter als risikolose Erbhöfe. Nicht jeder Kollege mochte es so sehen, aber entscheidend war, dass der Programmchef nicht nur eine Spürnase für Journalismus hatte, sondern über ausgeprägtes Know-how auch in den Sektoren Spiel und Unterhaltung verfügte.

Seine Zuschauer hat Horst Jaedicke immer ernst genommen. So setzte er sich 10 Jahre lang in seiner regelmäßigen Sendung »264626 gibt Auskunft« als Direktor einmal im Monat persönlich auf einen schlichten Thonetstuhl ins leere Fernsehstudio und beantwortete geduldig vis à vis von drei leeren Stühlen, der symbolischen »ersten Reihe«, telefonische Zuschauerfragen zum Programm in 120 Sendungen, manchmal mit einem verschmitzten Lächeln, reagierte kompetent und sachlich auf Kritik. Ein spezieller und spartanischer Medienservice für ein öffentlich-rechtliches Programm, bei dem der Direktor auch so manches Lob für gelungene Fernsehsendungen seines SDR entgegennehmen durfte.

Seine Mitarbeiter hat der Direktor, bei aller Strenge, geduzt. Das klang dann zwar nicht herablassend oder kumpelhaft, schaffte dennoch eine gewisse hierarchische Distanz. Seine Tür stand immer offen, jeder konnte ohne Anmeldung zu ihm kommen, Fragen stellen, Rat suchen, sich beschweren, den sparsamen Schwaben auch um etwas bitten. Bei Filmabnahmen setzte er sich nicht selten mit kritischem Blick hinter die Autoren und Redakteure an den Schneidetisch und »gab seinen Senf dazu«, der konnte scharf aber auch mild sein. Meist gab er sich im Fernsehalltag wohlwollend patriarchalisch, aber dann auch wieder gelegentlich mit streng autoritären Akzenten. Ihm lag wohl weniger daran, als Direktor den Sender nach außen zu repräsentieren als nach innen eher wie ein Orchesterchef zwischen mezzoforte und pianissimo zu dirigieren.

Personalpolitik betrieb der Direktor arbeitsrechtlich sehr unbürokratisch und subjektiv. Ich erinnere mich, eines Tages – ich war noch freier Mitarbeiter in diversen Programmbereichen als Moderator, Autor und Regisseur – kam Direktor Jaedicke an meinen Schreibtisch und sagte so im Stehen fast beiläufig: »Jetzt machscht du die ›Abendschau‹«. Das sollte heißen, dass ich als nicht einmal festangestellter Mitarbeiter ohne Bewerbung und ohne öffentliche oder interne Ausschreibung der Stelle die Leitung einer wichtigen aktuellen Redaktion übernehmen sollte – ein großer Karriereschritt. Ich überlegte nur kurz und lehnte spontan das überraschende Angebot ab, für Horst Jaedicke offensichtlich völlig unerwartet. Ich wollte lieber meine freiberufliche journalistische Unabhängigkeit beibehalten, Filme machen, moderieren, Regie führen, als Chef der »Abendschau« werden. Der Direktor verließ wortlos das Zimmer, und ich dachte, er sei jetzt stinksauer auf mich.

Wenige Wochen später kam er wieder und sagte (allerdings wie üblich auf Schwäbisch): »Mit der ›Abendschau‹ hast du mir einen Korb gegeben, jetzt mache ich dir ein Angebot, das du nicht ablehnen kannst, du leitest künftig die ›Kultur und Gesellschaft‹.« Das war ein sehr profilierter Programmbereich, quasi eine Hauptabteilung, mit dem verpflichtenden Erbe der »Stuttgarter Schule«, die sich mit außergewöhnlichen Dokumentarfilmen profiliert hatte. Ich erbat einige Tage Bedenkzeit, besprach mich mit den Kollegen von »KuG« und nahm das Angebot und die Festanstellung dankend an. So war das einst beim SDR.

Horst Jaedicke hat nach seinem Abschied vom Sender sein Know-how unter anderem bei der Leo-Kirch-Gruppe in München eingebracht und dann seinen zweiten Wohnsitz nach Italien verlegt. Dort hat er, neben diversen anderen Aktivitäten, unter dem Titel *Der gute alte Südfunk* ein reich bebildertes Buch über die Geschichte des Senders geschrieben, den er deutlich mitgeprägt hatte. Seinen Roman *Stirb später* hat er dann leider nicht mehr lange überlebt, am 16. Mai 2010 ist er in seiner italienischen Wahlheimatstadt Chiavari in Würde gestorben. In der liebevollen Todesanzeige seiner zweiten Ehefrau und früheren Fernsehansagerin Christa Maria Klatt-Jaedicke in den Stuttgarter Zeitungen konnte man lesen,

... dass einige Monate, nachdem er sich mit Haltung und Courage von dieser Welt verabschiedet hat, aus seiner Asche ein strahlender Diamant entstehen wird.

Diese ungewöhnliche Perspektive sorgte im Kreis der früheren Kollegen und Bekannten natürlich für Gesprächsstoff. »Friede seiner Asche« konnte man dem verstorbenen Horst Jaedicke somit nicht wünschen bei seinem ungewöhnlichen letzten Willen, seine Asche zu entsorgen und eine post mortale Unsterblichkeit zu erlangen, denn »Diamonds are for ever«, ein Nachruf, der dem außergewöhnlichen Zeitgenossen und Fernsehpionier wohl ansteht.

Mario Adorf, *Nachts, als der Teufel kam*

Mario Adorf, ist wohl der beliebteste deutsche Schauspieler. Seit seiner Jugend bis ins fortgeschrittene Seniorenalter ist er auf Bühne, Leinwand und Bildschirm zu bewundern,. In Filmen wie *Die verlorene Ehre der Katharina Blum,* als Vater des kleinen Oskar Matzerath in der *Blechtrommel* oder mit seinem unvergessenen »Ich scheiß dich zu mit meinem Geld« in der TV-Serie »Kir Royal«, oder im Vierteiler »Der Große Bellheim«. Mario Adorf wurde und wird von Millionen verehrt. Mit Hollywood-Stars wie Peter Fonda, Sophia Loren und Claudia Cardinale stand er vor der Kamera und wurde vielfach mit Preisen ausgezeichnet. Über ihn ist vieles gesagt und geschrieben worden, ich möchte mit meinen persönlichen Begegnungen an ihn erinnern.

Von den gut und gern 200 Personen und Persönlichkeiten, die ich in drei Jahrzehnten für das Fernsehen interviewt habe, war rückblickend Mario Adorf für mich einer der angenehmsten. Wohl jeder, der ihm persönlich begegnet, ist von seiner souveränen und dennoch gelassenen, feinsinnigen Aura fasziniert. Mir ist auch kein weibliches Wesen bekannt, das von diesem Schauspieler und Mann nicht geschwärmt hätte, obwohl er in vielen seiner Filme der Bösewicht war. Einmal sogar ein Massenmörder in dem frühen Streifen *Nachts, als der Teufel kam*, der 1957 mit dem Deutschen Filmpreis ausgezeichnet wurde.

Zum ersten Mal bin ich Mario Adorf persönlich und beruflich begegnet, als er mit dem Film *Bomber und Paganini*, eine sympathische Ganovenkomödie, im Oktober 1976 in die Kinos kam, Mario Adorf als »Bomber« und Schauspielerkollege Tilo Prückner als »Paganini« im Rollstuhl mit Geigenkasten. Zu einer Preview für die Presse war Mario Adorf nach Stuttgart ins »Metropol« gekommen. Für einen aktuellen Kinotipp in der »Abendschau« sollte ich als Reporter der Woche zu einem Filmausschnitt nach der Vorführung im Foyer ein kurzes Interview mit ihm machen. Dafür waren gerade mal 3 Minuten Sendezeit vorgesehen, doch ich hätte dem interessanten Schauspieler so gerne noch so manche Frage gestellt – Reporterschicksal. Meine Aufregung angesichts der Begegnung mit diesem Superstar war im Nu verflogen, als ich ihm gegenüberstand. Sein bescheidenes Auftreten und die leise, liebenswürdige Art, in der er mit seiner warmen Stimme charmant lächelnd antwortete, machten es mir leicht. Nach Drehschluss, während das Team zusammenpackte, tranken wir noch gemütlich einen Espresso. Nachdem er sich mit einem freundlichem »auf Wiedersehen bis zum nächsten Mal« verabschiedet hatte, entlieh ich beim Filmvorführer eine Rolle des schweren 35 mm-Materials und brachte sie ins Kopierwerk, um eine Filmsequenz für meinen Kinotipp abzuklammern. Für mich war es kein Tag wie jeder andere.

Es gab tatsächlich ein Wiedersehen mit Mario Adorf. Einige Jahre später hatten wir sogar einen gemeinsamen gesellschaftlichen Auftritt, auf den ich mich ganz besonders freute. Wir wurden beide von italienischen Gastronomen mit der »Goldenen Spaghettigabel« ausgezeichnet. Dieser Preis wurde in Stuttgart erstmals verliehen. Der Festakt fand in einem Stuttgarter Nobelhotel mit vielen Gästen statt, die sich nach der Devise »sehen und gesehen werden« fein herausgeputzt hatten. Natürlich war Mario Adorf das Zugpferd für den Gala-Abend im »Interconti« mit gesalzenen Eintrittspreisen. Sein und auch mein Engagement für deutsch-italienische Freundschaft jenseits der Capri-Fischer-Romantik wurde nach einer launigen Preisverleihung und Pokalübergabe durch die Gastgeber Diego und Maurizio Olivieri, meine Stuttgarter Lieblingsitaliener im Restaurant »Come prima«, mit einem mehrgängigen Gala-Dinner vom Feinsten gewürdigt. Für meine Frau Renate, die mich an jenem Abend begleitete, war jedoch das Schönste, dass man sie als Tischdame des Co-Preisträgers Mario Adorf, der ohne weibliche Begleitung angereist war, platzierte. Renate hatte sich dafür extra in einer Nobelboutique ein kostspieliges italienisches Designerkleid und die dazu passenden hochhackigen Schühchen gekauft.

Ein hübsches Paar, dachte ich so für mich, als ich immer wieder zu den beiden am Nachbartisch hinüberschaute – er ganz Kavalier der alten Schule, sie charmierte geschmeichelt und amüsierte sich offensichtlich recht angenehm auf Tuchfühlung. Beim spätabendlichen Tanz stand ihr Tischherr auf, knüpfte seine Jacke zu, verbeugte sich tief und bat meine Renate zum Eröffnungswalzer. Als manchmal von ihr gerüffelter Tanzmuffel beobachtete ich doch ein wenig eifersüchtig die eleganten Bewegungen des Halbitalieners und Leinwandstars so ganz ohne Starallüren. Als sie sich nach dem Tänzchen wieder setzten, ging ich rasch hinüber an den Nachbartisch und flüsterte seiner Partnerin des Abends scherzhaft ins Ohr: »nachts, als der Teufel kam«. Renate lachte und gab mir ein beruhigendes Küsschen. Die Gesellschaft löste sich allmählich auf, meine Frau ließ sich Mario Adorfs Tischkärtchen mit den italienischen und deutschen Nationalfarben von ihm signieren und steckte es als Erinnerung an den charmanten Abend in ihre glitzernde Handtasche. Dieses Kärtchen steht noch heute in unserer kleinen Devotionaliensammlung in der Vitrine im Esszimmer neben dem kulinarischen Pokal der »Goldenen Spaghettigabel«, garniert mit winzigen silbernen Nudeln, auf einem kleinen, grauen Marmorsockel.

Zum dritten Mal, wieder einige Jahre später, traf ich Mario Adorf in Baden-Baden bei einer Fernsehpreisverleihung. Zu einem verabredeten, diesmal längeren Fernsehinterview erschien er im noblen klassizistischen Kurhaus, wie immer elegant gekleidet, gemeinsam mit seiner Frau Monique, einer charmanten Französin. Mit ihr ist er inzwischen seit über 40 Jahren zusammen und 25 Jahre verheiratet als fürsorglicher Ehemann und alles andere als ein Womanizer. Seine Frau ging einen Kaffee trinken, während Mario Adorf mit mir vor der Kamera über seine Rollen in diversen Filmen und die Arbeit mit verschiedenen Regisseuren sprach. Mit den meisten habe er gut und gerne zusammengearbeitet, er sei ja auch ein »folgsamer Schauspieler«, sagte er schmunzelnd. Allüren kann man sich bei ihm gar nicht vorstellen.

Ich hatte mir zuvor einige Kassetten mit seinen Filmen angeschaut. In einer seiner frühen Schwarz-Weiß-Produktionen war mir dabei eine Stelle aufgefallen, die cineastisch nicht besonders gelungen schien. Der Anschluss nach einem Filmschnitt erschien dramaturgisch nicht harmonisch nachvollziehbar. Als ich dieses Detail erwähnte, schaute mich mein Gegenüber etwas überrascht an. Nach kurzem Überlegen sagte er, dass genau an jener von mir erwähnten Stelle noch eine kurze Sequenz in dem ursprünglichen Film enthalten war, sie sei jedoch auf Bedenken der FSK, der Freiwilligen Selbstkontrolle der Filmbranche, aus dem bereits fertigen Film hart herausgeschnitten worden, bevor er für die Kinos freigegeben wurde. Dann rückte sich Mario Adorf in seinem Sessel etwas zurecht, räusperte sich und deklamierte, nun ganz Schauspieler, aus dem Gedächtnis mit entsprechend theatralischen Gesten seinen damaligen Text genau jener herausgeschnittenen Passage wortwörtlich in die Kamera – grandios. Ich freute mich, dass ich ein winziges Kapitel Kinogeschichte erleben und dokumentieren durfte, das der Schauspieler nun nach vielen Jahren im Fernsehen wenigstens erzählen und nachspielen konnte.

Mario Adorf war sichtlich zufrieden mit unserem Gespräch und der unerwarteten Reminiszenz an seinen frühen Film. Er bedankte sich höflich mit etwas süffisant zugespitztem Mund, wie es manchmal seine Art ist. Seine Frau kam von der Café-Bar herübergeschlendert, hakte sich bei ihm unter und sie verabschiedeten sich mit »au revoir«. Bei den Adorfs privat wird französisch gesprochen, er kann sich in vier Sprachen perfekt unterhalten. Die beiden entschwanden Arm in Arm auf dem roten Teppich, »arrivederci und auf Wiedersehen« dachte ich. Leider bin ich ihm immer wieder nur auf der Leinwand und dem Bildschirm oder umlagert bei Festivals in einiger Entfernung begegnet.

Geblieben ist jedoch die schöne Erinnerung an seine höfliche Bescheidenheit, die er sich wohl aus seiner Kindheit in einfachen Verhältnissen in der Eifel bewahrt hat. Auch die launige Melodik der Sprache, die manchmal durchklingt, stammt aus dieser Gegend. Im Übrigen bewundere ich an Mario Adorf, dass er als Schauspieler nach seinen Anfängen und frühen

Spaghetti-Western nur noch anspruchsvolle Rollen angenommen und dabei die unterschiedlichsten Charaktere dargestellt hat. In späteren Jahren hat er nicht nur Autorentexte gesprochen und interpretiert, er hat selbst mehrere Bücher mit reizvollen Erzählungen geschrieben.In *Der Mäusetöter* sind seiner Mutter gewidmete private Erinnerungen an seine Kindheit bis zur Schauspielerkarriere gesammelt mit dem Vorwort »Se non è vero è ben trovato«, was nicht wahr ist, ist gut erfunden. Gerne gelesen habe ich auch sein Buch *Der Fenstersturz*, merkwürdigste Geschichten über prominente und andere Zeitgenossen, und *Der Dieb von Trastevere* erzählt humorvolle Episoden über die Römer und Adorfs Wahlheimat Italien.

Bei all seiner Prominenz und lässigen Eleganz machte er davon kein Aufhebens, mochte auch nicht die große Show um seine Person, keine TV-Gala, weder zu seinem 60. noch zum 70. Geburtstag, und sein 80. sei für ihn nur eine Zahl, die ihm keine Angst mache, sagte er im Geburtstagsjahr in einem Interview. Das Bundesverdienstkreuz hatte er immerhin angenommen und zu seinem 80. auch den Ehrendoktortitel der Johannes-Gutenberg-Universität in Mainz, an der er einige Semester studiert hatte. Der Titel seines jüngsten Filmes, *Der letzte Patriarch*, entspricht durchaus seiner souveränen Würde als Person, auch wenn er sich selbst privat nicht als Familienmenschen betrachtet.

Am Abend des 10. September 2010, als dieser Zweiteiler in der ARD in der Prime time nach der »Tagesschau« gesendet wurde, war meine Frau Renate bis 23.15 Uhr nicht mehr ansprechbar. Zu meiner Überraschung legte sie für diesen Fernsehabend jenes italienische Designerkleid an, das sie viele Jahre zuvor als Mario Adorfs Tischdame getragen hatte und schaute sich bei ein paar Gläschen Prosecco fasziniert die beiden Filme an. Der Abend gehörte Mario Adorf, als »letztem Patriarchen« und Lübecker Marzipankönig Konrad Hansen. Als dann die Schlusstitel über den Bildschirm liefen, ging meine Frau hinüber zum Fernseher und stieß mit dem schlanken Prosecco-Glas sanft an den Flachbildschirm, »a la pròssima«.

Beim »Opiumkönig«

Werner Herzog ist nicht nur als Regisseur und Produzent vieler Spielfilme international berühmt geworden, er hat auch immer wieder interessante und eigenwillige Dokumentarfilme gedreht. Die Kinolegende des neuen deutschen Films habe ich persönlich kennen gelernt, als wir 1982 ein Making-of über Herzogs legendären Spielfilm *Fitzcarraldo* mit seinem eigenwilligen Lieblingsschauspieler Klaus Kinski als Hauptdarsteller im Fernsehen ausstrahlten und den Regisseur dazu interviewten, vor allem zu seiner oft schwierigen und streitbaren Arbeit mit Klaus Kinski, den er vergötterte und immer wieder besetzte.

Eines Tages meldete sich Werner Herzog telefonisch in der Redaktion mit einem Themenvorschlag, den er gerne als Auftragsproduktion für das Fernsehen realisieren wollte. Es ging um eine Reportage über Kindersoldaten in Nicaragua, ein Thema, über das damals noch wenig berichtet wurde. Als Herzog zu einem Vorgespräch aus München anreiste, brachte er Denis Reichle mit, den er als Co-Autor für den geplanten Film vorstellte. Reichle, ein Elsässer, so um die 50, lebte damals in Paris. Nach einer Karriere als Modefotograf hatte er sich beruflich einer völlig konträren Thematik verschrieben.

Er arbeitete als Kriegsfotograf an vielen Fronten, Uganda, Kongo, Kambodscha, Nicaragua, Iran, wo immer gekämpft, geschossen, gemordet und vergewaltigt wurde. Manche von den Kriegsherren, Rebellenführern und War-Lords hatte er persönlich kennen gelernt, so auch den berüchtigten Massenmörder Pol Pot, den Anführer der grausamen Roten Khmer in Kambodscha, der sein Land zur Hölle machte und ein Viertel der Bevölkerung foltern und ermorden ließ. Auch Idi Amin Dada, dem diktatorischen Menschenschlächter in Uganda, ist er einmal begegnet.

Denis Reichle, ein hagerer, durchtrainierter, kaum mittelgroßer Typ mit welligem, graumeliertem Haar, ging immer betont aufrecht in einer Art Uniform und festen, halbhohen Stiefeln. Um sich selbst im Alltag zu Hause für seine fotografischen Kriegseinsätze fit zu halten, machte er jeden Morgen 50 Klimmzüge und 50 Liegestützen. Um die Fußfesseln trug er häufig, auch wenn er nur spazieren oder ins Café ging, eine schwere Eisenmanschette, um die Beinmuskeln zu stärken. Nur so, erklärte er lächelnd, hält man die Strapazen und Märsche in Urwäldern, Gebirgen, Sümpfen oder Wüsten durch. Gespannt hörte ich ihm zu, als er mit leiser Stimme und ohne jedes Pathos aus seinem oft lebensgefährlichen Fotografenalltag erzählte. Dabei war er alles andere als der Typ eines Draufgängers oder Abenteurers, vielmehr jemand, der sich in allen heiklen Situationen wohl sehr genau orientierte und umsichtig informierte. Deswegen war ihm bei seinen Fotoreportagen auch nie ernsthaft etwas zugestoßen. Obwohl er mit dem kommerziellen Veröffentlichen seiner Bilder beruflich sozusagen ein »Kriegsgewinnler« war, verabscheute er Krieg und Gewalt. Er wollte mit seinen Fotografien dokumentieren, informieren, abschrecken und warnen. Als Jugendlicher war er selbst noch Ende des Zweiten Weltkriegs als Elsässer von den Nazis gegen die Franzosen rekrutiert worden. Die Erfahrungen und Bilder aus jener Zeit haben ihn wohl nachhaltig geprägt.

Dieser Denis Reichle hatte vor seinem Besuch mit Werner Herzog bereits über das Schicksal von Kindersoldaten in Mittelamerika recherchiert, Kontakte geknüpft und danach den erfahrenen Filmemacher dafür interessiert, um mit ihm gemeinsam eine Reportage über das grausame, gesetzlose Leben jener Kinder ohne Kindheit zu drehen. Werner Herzog und Denis Reichle bekamen den Auftrag für ihren geplanten Film. Nach mehreren Monaten kehrten sie mit eindrucksvollen bedrückenden Bildern aus dem Grenzgebiet von Honduras und Nicaragua am Rio Coco zurück und zeigten mir in München den Rohschnitt. Daraus wurde ein bewegendes Filmdokument in der ARD, mit dem traurig-lyrischen Titel »Die Ballade vom kleinen Soldaten«.

Nach dem Erfolg dieser Produktion wollte Denis – wir hatten uns inzwischen etwas angefreundet – ein neues Projekt angehen, diesmal selbst als Filmemacher und ohne Werner Herzog. Er lud mich zu sich nach Paris ein, um darüber zu reden.

Ich fuhr mit meinem RO 80 in die Rue de la Source, wo Denis sehr spartanisch in einer kleinen Junggesellenwohnung lebte. Er schlief auf einem bescheidenen, harten Bett, zwischen der Türfüllung zu seinem Schlafzimmer war oben eine Eisenstange montiert, an der er die täglichen Klimmzüge absolvierte. In seiner Dunkelkammer hatte er die Fotoausrüstung, ein umfangreiches Archiv mit den Negativen und eine neu gekaufte Filmkamera untergebracht.

Denis lud mich in sein Lieblingscafé »Les deux Magots« ein, um mir sein Projekt zu skizzieren. In Peru wolle er eine

Reportage über die Rebellen des »Sentiero luminoso«, des Leuchtenden Pfads, als Auftragsproduktion drehen – kein ungefährliches Thema. Ich kannte nur eher vage Berichte und Gerüchte, dass Stammesmilizen jener Guerilleros mit grausamen Methoden, Morden und Entführungen in Peru versuchten, ihre linksrevolutionären Forderungen gegen politische Gegner, Großgrundbesitzer, Ausbeutung der Indios und gesetzlose Enteignungen durchzusetzen, dennoch mehr als fragwürdige Nachfolger des legendären Freiheitshelden Simón Bolivar. Ich willigte schließlich ein, Denis mit seinem geplanten Film zu beauftragen und wünschte »bonne chance in Peru«. Nach einer kleinen Stadtrundfahrt fuhren wir ins »La Coupole« zum Abendessen, ich trank dazu einen köstlichen Bordeaux, er begnügte sich spartanisch mit einem Mineralwasser. Auf dem Heimweg summte ich beschwingt die Melodie eines alten Schlagers, »In Peru, in Peru in den Anden knüpfst auch du, knüpfst auch du deine Banden …«. Ich durfte bei Denis übernachten, er überließ mir sein Bett, bezog es frisch und schlief auf einer Luftmatratze unter einer Wolldecke. Mit doch etwas gemischten Gefühlen, was das Gelingen des heiklen Filmprojektes mit unkalkulierbaren Risiken anging, fuhr ich am nächsten Morgen nach dem Frühstück zurück nach Stuttgart und überwies Denis einen Vorschuss auf die verabredete Produktion. Er flog nach Lima und heuerte dort ein einheimisches Filmteam an.

Nach einiger Zeit erreichte mich ein verstörender Anruf aus Peru. Denis berichtete aufgeregt, bei seinen Recherchen über den »Leuchtenden Pfad« sei leider etwas Schreckliches passiert, sein Informant und Übersetzer der einheimischen Ketchua-Sprache, ein Indio, den er in den Kordilleren angeheuert hatte, sei bei einer Recherche erschossen worden, er selbst sei unverletzt geblieben. Spontan sagte ich weitere Dreharbeiten telefonisch ab. Denis gab ich den Auftrag, die Familie des ermordeten Mitarbeiters finanziell angemessen zu entschädigen und unverzüglich zurückzufliegen. Für mich war der Gedanke bedrückend, dass ein Mensch für einen geplanten und von mir zu verantwortenden Film grausam sein Leben hatte lassen müssen. Investigativer Journalismus, das Arbeiten in Kriegs- und Krisengebieten hat nicht selten auch seine gefährlichen und tragischen Schattenseiten. Das Filmprojekt »Sentiero luminoso« war damit gestorben.

Monate später, wieder ein dramatisches Telefonat von Denis, diesmal aus einer anderen Problemzone auf der anderen Hälfte des Globus, Tausende Kilometer entfernt. Denis war auf eigene Faust über Pakistan in das von der UDSSR besetzte Afghanistan ohne Einreisepapiere mit einem Führer heimlich über die grüne Grenze geschlichen. Er wollte über die kriegerischen Aktionen der radikal-islamischen Taliban-Rebellen berichten. Aus dem akustisch nur schlecht verständlichen Telefonanruf erfuhr ich, dass Denis eine Woche zuvor irgendwo in den Bergen des Hindukusch gefangen genommen worden war, jedoch gottlob unverletzt blieb. Nach langen Verhandlungen würden ihn nun seine Entführer gegen ein Lösegeld von 10 000 Dollar freilassen. Denis bat mich, diesen Betrag telegrafisch an eine bestimmte Adresse zu überweisen, er werde das Geld nach seiner Rückkehr erstatten. Natürlich sagte ich zu, ihm zu helfen und hoffte auf ein baldiges Wiedersehen. Nach Rücksprache mit der Geschäftsleitung des SDR durfte ich seiner Bitte entsprechen. Denis kam wenige Tage später, zwar ohne seine Kameraausrüstung, doch wohlbehalten wieder zurück nach Paris, bedankte sich telefonisch und überwies dem Südfunk umgehend das gezahlte Lösegeld.

Ein Mann stand in den 80er-Jahren ganz oben auf der Wunschliste von Journalisten vieler Länder, der legendäre »Opiumkönig« Khun Sa in Birma. Doch kein Reporter kam auch nur in seine Nähe. In sicheren, immer wieder wechselnden Verstecken, schwer bewaffnet und sorgfältig bewacht, lebte er im Dschungel des tropischen Regenwaldes. Da er keine Interviews gab und keine Bilder von sich machen ließ, gab es immer wieder Spekulationen, er wäre bereits tot und lebe nur noch als Phantomgestalt. Tatsächlich aber finanzierte er mit dem Export von Opium und Heroin im »Goldenen Dreieck« von Birma, Laos und Thailand als Rebellenführer des grausam unterdrückten Shan-Volkes dessen Autonomiekampf im Minoritätengebiet der Tai im Nordosten Birmas. Auch Denis packte eines Tages der Ehrgeiz, jenen Khun Sa vor die Kamera zu bekommen und sogar einen Film über ihn zu drehen. Nach den gemeinsamen negativen Erfahrungen mit den geplanten Filmen über den »Sentiero luminoso« und die Taliban-Rebellen wollte mich der Kriegsreporter mit einem diffizilen Auftrag für eine Reportage über Khun Sa nicht noch einmal behelligen.

Davon erfuhr ich erst sehr viel später, 1983, als Denis Reichle eines Tages völlig unerwartet und unangemeldet aus Paris anreiste mit einer Reisetasche voller Filmbüchsen, einige hundert Meter Rohmaterial, das er angeblich über den geheimnisumwitterten Khun Sa gedreht hatte. Ich staunte etwas ungläubig, doch Denis nickte stolz und lächelte. Er hatte es tatsächlich geschafft, den »Opiumkönig« aufzuspüren und sogar zu filmen. Einige Tage durften ihn Denis und sein Kollege Justin mit der Kamera begleiten. Zuvor hatten sie sich von der Hauptstadt Rangun aus wochenlang mutterseelenallein durch unwegsame Berge und Wälder vorsichtig quer durch das Land herangepirscht, heimlich Kontakte geknüpft mit Personen, die das Vertrauen von Khun Sa hatten. Dabei kamen Denis seine langjährigen Erfahrungen zugute, sich als Kriegsreporter in schwierigen und gefährlichen Problemgebieten unauffällig zu bewegen und zu bewähren.

Nachdem die 16 mm-Filme entwickelt waren, schauten wir das Rohmaterial gemeinsam am Schneidetisch an. Schon die ersten Einstellungen zeigten tatsächlich Khun Sa, wie er mit mehreren schwer bewaffneten Begleitern auf kleinen Pferden in sein Lager geritten kam, einfache Holzhütten zwischen hohen Bäumen auf einer kleinen Lichtung. Ich klopfte Denis begeistert auf die Schulter, es waren wirklich exklusive Bilder aus dem Alltag des »Opiumkönigs« im Kreis der engsten Vertrauten beim Diskutieren und auch bei fröhlichem Essen und Trinken, streng bewacht von Posten und Patrouillen. Denis erläuterte ihm das Filmprojekt und sein journalistisches Interesse für die unterdrückten Bevölkerungsgruppen. Er wurde freundlich aufgenommen. Über einen Dolmetscher auf seinen zweifelhaften Titel als »Opiumkönig« angesprochen, erklärte Khun Sa, er habe sogar dem amerikanischen Präsidenten geschrieben und ihm angeboten, den Opiumhandel gegen entsprechende politische Unterstützung aus dem Weißen Haus einzustellen, hätte damit jedoch keinen Erfolg gehabt. Bei manchen seiner strategischen Gespräche mit Gesinnungsgenossen und vertrauten Besuchern im Tropenwaldcamp musste Denis Kamera und Mikrofon abschalten. Nachdem er und Justin mit einem gemeinsamen Essen freundlich verabschiedet worden waren, gelang es ihnen, ihr brisantes Filmmaterial mit Einblicken in das Schicksal des Shan-Volkes und ihre politischen Forderungen, wenn auch nicht ohne Bestechungen und Schutzgelder, aus dem Land zu schmuggeln.

Jahre danach wäre es auch für Denis wohl noch schwieriger geworden, in das frühere Birma, die inzwischen international isolierte Militärdiktatur Myanmar mit der in Yangon umbenannten Hauptstadt als Journalist einzureisen oder sich dort, überall (außer in Sonderzonen) frei zu bewegen, gar unerlaubt an manchen Orten zu fotografieren und Filmaufnahmen zu machen. Gelegentlich gelingt es Undercoverjournalisten, jenseits des in Myanmar allmählich aufkeimenden Tourismus zu filmen oder mit Handy-Kameras heimlich Bilder zu machen und auch hinter den historischen Fassaden über den trostlosen und diktatorischen Alltag zu informieren. Dabei riskieren sie Folter und Haftstrafen. So auch der deutsche Comedian Michael Mittermeier, als er sich 2010 in dem Dokumentarfilm *This prison where I live* für den populären Komiker und Schauspieler Zarganar in Myanmar engagierte, der zu 59 Jahren Gefängnis verurteilt wurde. Selbst die Friedensnobelpreisträgerin des Jahres 1991, Aung San Suu Kyi, wurde daran gehindert, die oppositionelle Nationale Liga für Demokratie oder die »Safran-Revolution« der buddhistischen Mönche 2007 öffentlich zu unterstützen. Ihr wurde sogar über Jahre verboten, ihr streng bewachtes Haus zu verlassen. Nach den Wahlen im November 2010 kam sie endlich frei und forderte wieder mutig Meinungsfreiheit und politische Reformen.

Zurück ins Jahr 1983. Nachdem der Film von Denis fertig geschnitten und erfolgreich gesendet worden war, lud er meine Frau und mich zu einer privaten Produktionsfeier zu sich nach Hause ein. Er war inzwischen aus Paris wieder zurück ins heimatliche Elsass gezogen an den Rand der Vogesen, in das malerische Winzerstädtchen Bergheim. Dort begrüßte er uns am Tor zu einem weitläufigen Parkgrundstück, in dem ein herrschaftliches Haus, ein ehemaliges Weingut unter alten Bäumen lag. Nachdem wir über die Freitreppe hineingegangen waren, bot uns Denis zuerst eine Führung durch seine geräumige Wohnung, ein wahres Museum voller exotischer Souvenirs von seinen abenteuerlichen Reisen. An den Wänden, in Schränken und Vitrinen, Bücher, Bilder, kleine Statuen, Schmuckstücke, Uhren, Münzen, Masken, Landkarten und natürlich seine besten Schwarz-Weiß-Fotografien.

Aus der Küche duftete es verführerisch, Denis hatte bereits das Essen vorbereitet, ein klassisch elsässisches Gericht, Coq au vin. Er lud mich ein, einen passenden Wein auszusuchen. Dafür stiegen wir hinunter in den Winzerkeller, ein riesiges, hohes Gewölbe. An den Wänden reihten sich endlose Regale, gefüllt mit fachmännisch gelagerten Weinflaschen vieler Sorten, Lagen und Jahrgänge aus ganz Frankreich. »Voilà«, stolz präsentierte er seine stattliche Weinsammlung, nahm einige Flaschen heraus und las andächtig die Etiketten vor. Ich staunte nicht schlecht, war natürlich etwas überfordert, aus den vielen hundert Flaschen einen passenden Wein für unsere Choucroute-Mahlzeit auszuwählen, zumal ich eher ein Kenner italienischer Weine bin.

Dann gestand mir Denis etwas schier Unglaubliches. Er sei nicht nur kein Weinkenner, er verstehe überhaupt nichts von Wein, trinke auch keinen und habe in seinem ganzen Leben noch keinen einzigen Tropfen Alkohol gekostet. Ich war völlig konsterniert. Unglaublich, und das als Franzose – das sei, wie wenn jemand Porsches, Ferraris, Jaguars, Rolls Royces, Lamborghinis in seiner Garage stehen hätte und selbst keinen Meter damit fahren würde. Er lachte nur und sagte, er sei eben Elsässer, und gerade in diesem Département werde Wein seit vielen Generationen in Ehren gehalten. Er mache dies auf seine Weise. Ein benachbarter Winzer habe ihn beim Aufbau der Weinsammlung beraten. Ich konnte also mehrere Flaschen vin blanc auswählen, um sie beim Essen zu verkosten.

Nach einem Gläschen einer edlen Spätlese als Apéritif durften wir Denis Kochkunst gemütlich genießen. Nach der Küchenweisheit »Käse schließt den Magen« servierte er zum Abschluss zu frischen Baguettestangen noch einen wunderbar würzig-weichen Munster-Käse, den er extra auf einem Bauernhof gekauft hatte. Meine Frau und ich tranken genüsslich gerade mal eine Flasche von dem gekühlten Riesling Spätlese. Denis begnügte sich mit unvergorenem Traubensaft und Mineralwasser. Wir stießen trotzdem auf den gelungenen Film, den »Opiumkönig«, und unsere Freundschaft an. Zum Abschied packte Denis die noch ungeöffneten Weinflaschen in einen Korb und gab ihn uns mit einem »à bientôt« auf die Heimfahrt längst nach Mitternacht mit.

Aus dem bientôt wurde jedoch leider ein jamais. Wir telefonierten noch gelegentlich, auch wegen der Überlegung, seine beruflichen Devotionalien einem Museum im benachbarten Colmar oder gar in Straßburg zu stiften, bis eine französische Telefonansage eines Tages auf meinen Anruf etwas undeutlich antwortete: »Votre correspondant n'est pas disponible«, Denis war unerreichbar. Ich dachte, vielleicht ist er wieder einmal abgetaucht für eine exklusive Fotoreportage irgendwo in einem fernen Land. Doch auch bei späteren Anrufen kam bei seiner Nummer immer dieselbe Ansage: »n'est pas disponible«. Schließlich fragte ich beim Einwohnermeldeamt in Bergheim nach und erfuhr, Monsieur Reichle sei bereits vor längerer Zeit unbekannt verzogen, mehr konnte mir die freundliche Dame am Telefon nicht sagen. Auch sein früherer Filmpartner Werner Herzog konnte mir bei meinen

Nachforschungen nicht weiterhelfen. War es das Ende einer wunderbaren Freundschaft?

So blieb nur die Hoffnung, dass mein Freund Denis gesund und zufrieden lebt, wo auch immer, und dass auch seine wundersame Weinsammlung in guten Händen oder von kundigen Gourmetgaumen genossen worden ist. Vielleicht ist Denis in die USA ausgewandert, er hatte mehrfach von einer interessanten Amerikanerin geschwärmt, die er während einer Reportage in Uganda bei den »Ärzten ohne Grenzen« kennen gelernt und danach immer wieder getroffen hatte, zuletzt in den USA, wo sie eine Kinderklinik leitete. Ein Foto seiner verehrten Kate hat er mir bei unserem Besuch in einem Silberrähmchen auf seinem Schreibtisch gezeigt. Vielleicht ist aus dem ewigen Junggesellen in seinen »Nachkriegszeiten« doch noch ein Ehemann geworden. Sollte er eines Tages wieder auftauchen, würde ich die letzte Flasche seines Elsässer Rieslings öffnen, die er uns in Bergheim geschenkt hatte, sie liegt noch unangetastet im Keller. Vielleicht würde Denis dann sogar ein Schlückchen davon trinken.

Vater werden ist nicht schwer …

Für einen Auftritt in der Fernsehreihe »Gast im Studio 3« war Zino Davidoff, der legendäre Zigarrenkönig, zum SDR nach Stuttgart eingeladen. Ich hatte das Vergnügen, mit dieser Legende der Rauchwaren ein ausführliches Studiogespräch zu führen, es dürfte noch in den 70er-Jahren des letzten Jahrhunderts gewesen sein. Als Zigaretten-Kettenraucher, damals noch »Gauloises« ohne Filter, war ich eigentlich nicht unbedingt prädestiniert, über den sinnlichen Zauber von edlen Zigarren mit dem Grandseigneur des blauen Dunstes zu parlieren. Natürlich informierte ich mich für dieses Fernsehgespräch über Davidoffs interessante Biografie und die Philosophie seines Zigarrenimperiums am Genfer See. Sehr hilfreich war mir dabei sein apartes, kleines *Zigarren-Brevier*, das im Buchhandel erhältlich war. Ich war neugierig auf die Begegnung mit der lebenden Zigarrenlegende.

Zino Davidoff erschien, etwas untersetzt, elegant frisiert die grauen Haare, in einem tabakbraunen Kaschmir-Jackett, Seidenkrawatte und feinen italienischen Schuhen, ich kam mir dagegen in Jeans und zerknittertem Leinensakko ein wenig underdressed vor. Doch die Chemie zwischen uns schien spontan zu stimmen, als wir uns unterhielten, während die Maskenbildnerinnen schminkten und frisierten. Das Gespräch gelang dann auch ganz vergnüglich, wenngleich die Fernsehbilder etwas dunstig ausfielen, weil wir beide im Studio jeder eine »Davidoff Nr. 1« qualmten. Die vorschriftsmäßig aktivierten Rauchmelder an der Decke waren vorsichtshalber ausgeschaltet, um einen kostspieligen Feuerwehreinsatz zu vermeiden.

Aus meiner Unbedarftheit im Umgang mit edlen Zigarren machte ich keinen Hehl. Und so weihte mich mein Gesprächspartner vor laufender Kamera zuerst einmal einfühlsam in das Ritual des richtigen Rauchens ein: beginnend mit dem bedächtigen Rollen der Zigarre zwischen den Fingern vor dem linken Ohr, um ein feines knisterndes Geräusch wahrzunehmen, dann die sinnliche Kontaktaufnahme der Nase mit dem Duft des Deckblattes, das sachgerechte Entfernen der Banderole, ohne sie zu verletzen, das vorsichtige Befeuchten und sanfte Zurechtschneiden des Mundstücks, das Entzünden eines Fidibus, das Warten mit dem Anzünden, bis der Schwefeldunst des Streichholzes verflogen ist, die angemessenen Intervalle beim bedächtigen Ziehen an der braunen Pretiose ohne Lungenzüge, die aufzubringende Geduld mit der zunehmend wachsenden grauweißen Asche, ohne sie in zu kurzen Abständen abzustreifen und schließlich das lässige Ablegen der ausgerauchten Zigarre, die man nicht grob im Aschenbecher ausdrücken dürfe. Auch Genießen will gelernt sein, war Quintessenz und Schlusswort der Lektion. Nach unserem Studiogespräch hat mir der Autor noch mit der goldenen Feder seines »Montblanc«-Füllfederhalters eine freundliche Widmung in das *Zigarren-Brevier* geschrieben.

Da Monsieur Davidoff erst für den nächsten Tag seinen Rückflug nach Genf gebucht hatte, wollte er die Nacht in Stuttgart verbringen. Und da er keine sonstigen Verpflichtungen und Termine mehr hatte, verabredeten wir uns zum Abendessen in der Vinothek im »Hotel am Schlossgarten«. Ich durfte Davidoff, der keinerlei Honorar oder Spesen für seinen Fernsehauftritt beansprucht hatte, auf Kosten des Senders einladen und reservierte einen Tisch mit Blick auf das illuminierte Staatstheater und die bereits schlafenden Schwäne am Eckensee.

Es wurde ein anregender und kulinarischer Abend. Mit feinsinnigem Lächeln zwischen seinen charaktervollen Falten erzählte Davidoff aus seinem wechselvollen Leben, amüsante Anekdoten über so manche Begegnungen mit prominenten Zeitgenossen und zigarrennärrischen Ladies, die er kennen gelernt hatte. Er kannte wirklich Gott und die Welt. Sein Geschäft in Genf war ein El Dorado für Zigarrenkenner aus nah und fern. Nicht zuletzt wusste er spannend aus Kuba, dem Tabakland Nr. 1, zu erzählen, das damals unter Fidel Castros harter Hand noch ein weißer Fleck auf der Weltkarte des Kalten Krieges war. Davidoff als Devisenbringer war natürlich Persona grata in Havanna, so viel Kapitalismus durfte schon sein. Und natürlich wollte ich auch wissen, ob dort die »Davidoffs« von den Zigarrendreherinnen auf den nackten Oberschenkeln der Señoras und Señoritas gerollt würden und dadurch ihr besonderes Aroma bekämen, wie es in Zigarrenraucherkreisen gerne kolportiert wurde. Davidoff lächelte charmant über meine etwas anzügliche Frage hinweg, nahm einen tiefen Zug aus der Zigarre und schloss schmunzelnd die Augen.

Das Abendessen im »Schlossgarten« war vorzüglich, ein wunderbarer Bachsaibling, in Folie gegart, auch der Wein wurde goutiert, wir tranken einen frischen Aigle aus Davidoffs Schweizer Wahlheimat. Ich lernte dabei mein Gegenüber als wunderbaren, weltläufigen Genussmenschen kennen, der mit eleganten Griffen seinen Fisch selbst zerlegte und die schmackhaften kleinen Bäckchen auf der Spitze des Fischmessers unter den Kiemen hervorzauberte.

Als sich mit fortgeschrittenem Abend das Restaurant allmählich leerte, machten wir noch einen Abstecher auf einen Absacker an die Hotelbar ins benachbarte »Zeppelin«. Dieser Hotelname war Davidoff bereits zuvor angenehm aufgefallen, vor allem deshalb, weil die Urform des Zeppelins eigentlich die Zigarre sei, wie er mir schmunzelnd erklärte. Worauf ich ihm erzählte, dass die Geschichte der Luftschiffe gerade in Stuttgart ein trauriges Kapitel zu verzeichnen hat, seit dem tragischen Unglück des Zeppelins LZ 4 bei Echterdingen im Jahr 1908. In dem vornehmen Hotel wollte uns der Barkeeper, weil wir keine Krawatten trugen, zunächst nicht einlassen. Als ich ihm jedoch zuflüsterte, wer mein prominenter Gast sei, entschuldigte er sich und bat uns höflich in seine Bar. Natürlich orderte Davidoff für uns eine edle »Nr. 1« aus dem wohl bestückten Humidor und bekundete sein Interesse auf einen einheimischen Rotwein als Schlummertrunk.

Wir ließen uns einen Lemberger aus einem guten Jahrgang empfehlen. Der wiederum fand großen Gefallen bei meinem Gegenüber. Davidoff lobte in blumig anerkennenden Worten das schwäbische Gewächs, Farbe und Bouquet und ließ sich interessiert über die Tradition des Weinbaus in Württemberg erzählen. So blieb es nicht bei der einen Flasche und wir waren in bester, weinseliger Stimmung.

Irgendwie kam dabei das Gespräch auf Kinder und die diversen Probleme, die sie so mit sich bringen. Was mich bei diesem Thema zu der folgenden Äußerung veranlasste, konnte ich mir im Nachhinein beim besten Willen nicht mehr erklären und nur der animierenden Wirkung des Lembergers und dem gehobenen Alkoholspiegel zuschreiben. Völlig unmotiviert und eigentlich unsinnig konfrontierte ich Davidoff, der schätzungsweise an die 30 Lenze mehr auf dem Buckel hatte als ich, mit der Bemerkung, dass ich mir einen Sohn wie ihn wünschen würde. Davidoff schaute mich verwundert an, dachte kurz nach, grinste über mein etwas konfuses Kompliment und sagte wiederum zu meiner Verblüffung mit seiner rauchigen Stimme: »Warum eigentlich nicht, dann bin ich eben dein Sohn, dein Sohn Zino, c'est bon comme ça.«

Wir umarmten uns und erhoben feierlich die Gläser auf diese spontane Adoption, ohne Notar, Jugendamt oder Vormundschaftsgericht und freuten uns wie Kinder. Als auch die zweite Flasche Lemberger leer getrunken war, verabschiedeten wir uns herzlich, der »Sohn« im Seniorenalter von seinem noch relativ jugendlichen »Vater«. Untergehakt begleitete ich Zino noch auf sein Hotelzimmer, ließ mein Auto in der Garage und fuhr im Taxi wohlig müde nach Fellbach.

Einige Tage später, als ich abends nach Hause gekommen war, klingelte mein Wohnungsnachbar. Er brachte ein Päckchen, das der Postzusteller bei ihm für mich abgegeben hatte. Schweizer Briefmarken, abgestempelt in Genf, Absender: Zino Davidoff. Ich öffnete das kleine Paket, zum Vorschein kam, in goldenes Geschenkpapier gehüllt, eine kleine Sperrholzkiste mit einem aufschiebbaren Deckel, gefüllt mit duftenden Zigarren, 25 »Davidoff Château, hand made in Havana Cuba«. Obenauf lag ein kleines Couvert mit einer handgeschriebenen Karte: »Lieber Manfred, danke für die schönen Stunden in Stuttgart, mit sehr, sehr lieben Grüßen von Deinem Sohn Zino.« Ich war sehr gerührt, woher hatte er nur meine private Adresse?

Ich machte es mir gemütlich und wollte eine der edlen Zigarren genau so rauchen, wie ich es von Zino im Studio gelernt hatte. Doch dann überlegte ich kurz, ob ich dieses kostbare Geschenk überhaupt annehmen dürfte. Immerhin resultierte das Präsent im weiteren Sinne aus einer quasi dienstlichen Beziehung im Kontext einer öffentlich-rechtlichen Anstalt – wenngleich nach Beendigung des Dienstgeschäfts, der Bestechung oder Korruption damit eigentlich unverdächtig. Dennoch legte ich die Zigarre zurück und informierte vorsichtshalber am nächsten Tag die Personalabteilung des SDR. Ich bekam ein Okay und durfte die Zigarren behalten. Ich hätte es kaum übers Herz gebracht, das großzügige Geschenk dankend zurückzuschicken, Zino hätte es wohl auch nicht verstanden. So schrieb ich ihm einen Dankesbrief, legte zur Erinnerung eine Kassette mit der Aufzeichnung unseres Fernsehgesprächs und drei Flaschen Lemberger bei, sodass sich mein geldwerter Vorteil aus dem Zigarrenpräsent monetär in etwa egalisierte.

Damit die Zigarren nicht austrockneten, deponierte ich das schlichte Sperrholzkästchen mit dem kostbaren Inhalt bei meinem Fotografenfreund Dietmar Henneka. Er besitzt als notorischer Zigarilloraucher einen exzellenten Humidor mit konstanter Temperatur und 40 Prozent Luftfeuchtigkeit zur Erhaltung der Qualität der sensiblen Rauchwaren. Bei gelegentlichen Besuchen in seinem Studio genehmigte ich mir daraus eine meiner »Davidoffs«, Dietmar rauchte zur Gesellschaft jeweils lieber eine seiner gewohnten »Krummen Hunde«, gedrillte Zigarillos von »Villiger« aus der Schweiz, eine optisch ausgefallene Rauchware, längst so etwas wie sein Markenzeichen, die ihn auch bei den Shootings seiner preisgekrönten fotografischen PKW-Porträts in vielen Ländern rund um die Welt inspirierten. Doch die fünfundzwanzigste und letzte »Davidoff Château« bewahrte ich bei ihm in der Mörikestraße auf als Andenken an den Zigarrenkönig.

Jahre danach gab ich als Leiter der Dokumentarabteilung ein Dreiviertelstunden-Porträt über Zino Davidoff in Auftrag. In seinem Gefolge erhielt der Filmemacher sogar die seltene Genehmigung, dafür auf Kuba drehen. Der Film zeigte nicht nur den Tabakanbau und die Arbeit der Zigarrendreherinnen in der Fabrik, sondern auch das historisch museal anmutende Havanna mit den bunten amerikanischen Oldtimern aus den 50er-Jahren und den heruntergekommenen Fassaden der Straßen und Gassen. Fidel Castro bestimmte noch immer diktatorisch Politik und Leben auf seiner Insel in der Karibik. »Viva Fidel« konnte man zwar überall hören und lesen, doch immer wieder versuchten Kubaner heimlich, dem rigiden kommunistischen Alltag zu entkommen und nachts auf kleinen Schiffen die Insel zu verlassen, um nach Florida zu gelangen und als Boatpeople Asyl zu beantragen.

Als ich, wieder Jahre später – seine Firma hatte Zino bereits abgegeben – aus der Presse von seinem Tod erfuhr, nahm ich bei Dietmar die letzte »Davidoff« aus dem Humidor und setzte mich damit abends alleine in die Bar im »Zeppelin«. Dort rauchte ich andächtig die Zigarre und trank dazu ein Glas Lemberger auf meinen »Sohn« Zino, genau wie damals mit ihm. Die Sperrholzschatulle steht noch heute neben Davidoffs signiertem *Zigarren-Brevier* in memoriam neben meinem Schreibtisch im Bücherregal zum Aufbewahren von Visitenkarten. Leider hatte Zino es nicht geschafft, mich zum Zigarrenraucher zu bekehren. In meinen häuslichen Aschenbechern häufen sich, sehr zum Leidwesen meiner nikotinfreien besseren Hälfte, noch immer Zigarettenkippen und im Papierkorb die leeren Schachteln mit der Aufschrift »Rauchen kann tödlich sein«.

Ende gut …

… mit der nachhaltigsten Erinnerung an eine facettenreiche Fernsehzeit.

Anfang der 70er-Jahre war Schlager der Woche »Butterfly«. Danyel Gérard schmalzte seinen wehmütigen Liebesschmerz erfolgreich auf Schallplatten und Ätherwellen: »Butterfly, my Butterfly, jeder Tag mit dir war schön, wann werd' ich dich wieder sehn?«. Der musikalische weibliche Schmetterling qualifizierte sich als Ohrwurm auch für Platz 1 meiner »Abendschau-Hitparade«, noch vor Tony Marshalls Evergreen »Schöne Maid«.

Zur Verfilmung des schnulzigen Textes suchte ich also nach einem zauberhaften weiblichen Wesen, um diesem gefühlvollen Schlager mit dem schwerelosen Zauber eines Schmetterlings gerecht zu werden. In meinem Bekanntenkreis wusste ich von solch einem Wesen, es hieß Renate Unger, von vielen bewundert wegen ihrer attraktiven Erscheinung, Eleganz und ihres liebenswerten Charmes. Eigentlich war sie weniger ein verträumter »Butterfly«-Typ, vielmehr die modisch gestylte Chefsekretärin der renommierten Stuttgarter Werbeagentur Bläse. Sie war mit einem erfolgreichen Designer verheiratet, den alle nur »Butsche« nannten. Just for fun modelte sie auch ab und zu in der Fashionbranche in charmanten Posen für elegante Ober- und Unterwäsche. Solche Auftritte auf dem Laufsteg und vor der Kamera von Fotografen führten sie gelegentlich bis in die Glamourwelt jener 70er-Jahre. So tafelte sie einmal mit »Kaiser Franz« in seinen besten Zeiten im »Hotel Post« in Garmisch-Partenkirchen. Er schickte ihr danach sogar ein Fußballticket für sein nächstes Spiel im Stuttgarter Neckarstadion. Ein andermal tanzte Renate mit dem Schauspieler Fritz Wepper bei einem Event in der Münchener Schickimicki-Disco »Ebsch Privée«, wo er ihr bedauernd zuraunte, dass sie für ihn leider zu groß sei, und das selbst ohne ihre steilen High-heels.

Ich fasste jedenfalls Mut, rief jene Renate in der Werbeagentur an und fragte, ob sie vielleicht Lust und Zeit hätte, als »Butterfly« bei Dreharbeiten gegen ein bescheidenes Honorar vor der Kamera zu flattern. »Warum nicht«, sagte sie. Ich hatte Glück, Renate nahm einen Tag Urlaub, und wir verabredeten uns im Fernsehstudio. Die Kostümbildnerin verpasste ihr ein wunderschönes, zartfarbenes, duftiges, langes Sommerkleid, dazu zwei riesige, schneeweiße Engelsflügel aus echten Federn auf dem entzückenden Rücken und Ballerinaschühchen für die zarten Füßchen. Die Kollegin in der Maske tat ein Übriges, sie schminkte und toupierte Renate zu einem märchenhaften Schmetterling mit langen, schwingenden Fühlern an einem schmalen, goldenen Band über der Stirn.

Als romantische Naturkulisse für diese Dreharbeiten hatte ich auf dem Killesberg unterhalb des Bismarckturms bereits eine Frühlingswiese in schönster Blüte ausgewählt. Mit Renate und dem Team fuhren wir bei herrlichem Sonnenschein hinauf. Rolf baute seine Kamera auf, er wählte ein kurzes Stativ, etwa 50 Zentimeter hoch, sodass unser »Butterfly« auf leicht abschüssigem Abhang etwas von vorne unten aufgenommen wurde und umso feenhafter wirkte. Der Tonmann spielte »Butterfly« vom Band per Lautsprecher zu, Renate tänzelte und schwebte barfuss zu den Rhythmen von Danyel Gérards Gesang anmutig, beinahe wie in Zeitlupe zwischen heiter blühenden Bäumen, summenden Bienen und blassblau luftigem Wiesenschaumkraut auf die Kamera zu, bis sie beim letzten Ton des Schlagers mit dem Saum ihres wasserblauen Kleides das Objektiv als Abblende verdeckte, choreografisch, musikalisch und filmisch perfekt, Fauna, Flora und unsere Bellissima in schönster Harmonie, zwar Kitsch pur, doch passend zum Text der Liebesschnulze »eine Welt voll Poesie«. Einige Spaziergänger waren bei den Dreharbeiten stehen geblieben, schauten neugierig zu und klatschten zum Schluss begeistert Beifall. Ein älterer Herr pflückte sogar ein paar Blümchen auf der Wiese und überreichte sie charmant unserem »Butterfly«.

Wir packten unser Equipment zusammen, fuhren zurück zum Sender, unsere Amateurdarstellerin wurde abgeschminkt und tauschte Flügel und Schmetterlingskleid zurück gegen ihr T-Shirt und Jeans. Aus »Butterfly« wurde wieder Renate, auf ein Honorar verzichtete sie, es habe ihr Spaß gemacht, sagte sie. Dafür lud ich sie auf die Casino-Terrasse zu einem Espresso ein, daraus wurden zwei, dann drei, wir redeten und redeten und waren sehr nett miteinander. »Schau mal«, sagte Renate plötzlich und zeigte hinaus in den Park der Villa Berg, dort schaukelten zwei Zitronenfalter verliebt mit ihren gelben Flügelchen im Sonnenuntergang über dem Rasen. Es war mehr als der Beginn einer langen Freundschaft.

Als zwei Tage später Danyel Gérards »Butterfly« in meiner »Hitparade« gesendet wurde, lud ich die kongeniale Darstellerin Renate – auch als nachträgliches Dankeschön für ihre kostenfreie Mitarbeit – zu mir nach Hause ein, um abends gemeinsam die »Abendschau« mit unserem kleinen Film live auf meinem neuen »Grundig«-Fernseher anzuschauen. Zur Feier des Tages hatte ich für meinen charmanten Gast einen großen Strauß roter Rosen besorgt. Sie dufteten auf dem Couchtisch neben einer Flasche Champagner, Renate brachte für jenen Freitagabend ein Döschen damals noch erschwinglichen russischen Kaviar mit. So kamen wir einander nicht nur kulinarisch noch etwas näher, genossen »Butterfly« auf dem Bildschirm, sahen uns danach wieder und wieder und wurden schließlich ein glückliches Paar.

Nach einigen Jahren nahmen wir eine gemeinsame Wohnung und gaben uns das Ja-Wort für unsere jeweils zweite Ehe, obwohl jener Renate als geborener Preußin aus dem brandenburgischen Niederlandin mein doch sehr schwäbischer Nachname »Naegele« als Ehename nicht sonderlich gefiel. Als Doppelname mit Bindestrich konnte sie ihn vor dem Standesbeamten dennoch akzeptieren. Sie brachte ihren elfjährigen Olaf aus erster Ehe im feinen, schwarzen Anzug samt dem frisch gebürsteten Hundemischling Porco als Hochzeitsgeschenk mit aufs Standesamt und von dort in unsere neue Familie.

Diese ist bis heute, längst jenseits der Silberhochzeit, in sehr guten wie auch in sehr schweren Tagen heil und glücklich beisammen geblieben. Wie in jenem unsere Ehe stiftenden Schlagertext gilt: »jeder Tag mit dir war schön«. Meinen manchmal etwas chaotischen Fernsehalltag mit allerlei geistigen und persönlichen Absencen im Familienalltag hat Renate bei genügend eigenem Berufsstress mit Werbung und Modedesign solidarisch mitgetragen. Aus Olaf ist längst ein stattlicher Mann und ein Künstler geworden. Nach Porcos Ableben wurde sein Nachfolger Volpino, eine Mischung aus Fuchs und Spitz, unser geliebter Familienhund und ein verspielter Enkelersatz. Wenn ich bei einem Glas Montepulciano und einer obligatorischen Gauloise an meinem Schreibtisch sitze, liegt der kleine Vierbeiner manchmal wie eine animierende Muse artig zu meinen Füßen und schaut mich neugierig mit seinen schwarzen Olivenaugen an, bis ich ihm zum Einschlafen die letzten Sätze vorlese. Das Leben schreibt bekanntlich die schönsten Geschichten – manchmal.

*

Während der Zeit, als ich diese Geschichten in mein Notebook tippte, bin ich zur Auffrischung der Erinnerungen manchmal zu den Originalschauplätzen der erlebten Anekdoten gefahren. So auch nach Jahren wieder einmal auf der B 27 von Stuttgart über Waldenbuch und Bebenhausen hinüber nach Tübingen, wo meine Fernsehlaufbahn bei dem Picknick mit den späteren Kollegen begonnen hatte und das Grillschwein Maria vielleicht zum Glücksschwein wurde.

Etwas wehmütig wurde mir doch ums Herz beim Schlendern durch die historische Altstadt, wo ich meine Studienjahre verbracht und darüber hinaus eine prägende Zeit erlebt und auch erlitten hatte. »Die alten Straßen noch, die alten Häuser noch, die alten Freunde aber sind nicht mehr«, dennoch »der Jugend Zauber für und für ruht lächelnd doch auf dir«. Bei Sonnenuntergang setzte ich mich am Neckar auf die hohe Mauer unter dem Turm, in dem Friedrich Hölderlin seine späten Lebensjahre dämmernd verbracht hatte.

Beim Blick hinüber auf die Neckarinsel erinnerte ich mich an jene phantasievolle Inszenierung der Melchinger Theatergruppe »Lindenhof« *Hölderlin Tübingen Turm*. Darin ließen sie, genau hier, das Haupt des Dichters überlebensgroß als Kulisse für die agierenden Schauspieler auf einem Floß vor dem Publikum am Ufer den Neckar hinab gleiten. Ich war davon so begeistert, dass ich spontan die Wiederholung dieses Theaterspektakels mit vier Kameras aufzeichnen ließ für einen Hölderlin-Abend im Dritten Programm. Es war das Fernsehdebüt der »Melchinger«, denen in den nächsten Jahren weitere Aufzeichnungen ihrer ausgefallenen Inszenierungen folgten, mit denen sie bis heute schwäbische Theatergeschichte schreiben.

Als ich, wie jener wunderbare Dichter in seinen kranken Tagen manchmal zu Füßen des runden Turms in dem Zwingergärtchen in der Abendstille, dem sanft dahinfließenden Fluss zu seinen Füßen lauschte, kam mir Nachgeborenem der zweite Vers eines seiner unsterblichen Gedichte in den Sinn, »Die Heimat«:

Ihr holden Ufer, die ihr mich auferzogt,
stillt ihr der Liebe Leiden? ach! gebt ihr mir,
ihr Wälder meiner Kindheit, wann ich
komme, die Ruhe noch einmal wieder?

Inhalt

ISBN 978-3-86351-008-4

Lektorat: Petra Wägenbaur, Tübingen.
Umschlaggestaltung: Christiane Hemmerich
Konzeption und Gestaltung, Tübingen.
Herstellung: Horst Schmid, Mössingen.
Satz: CompArt, Mössingen.
Druck und Einband: Pustet, Regensburg.

Mehr über das Verlagsprogramm von Klöpfer & Meyer
finden Sie unter *www.kloepfer-meyer.de*